FELGINES M.J. 93

24648

EXPOSITION
DES
BEAUX-ARTS.

SALON DE 1857

PAR

LOUIS AUVRAY,

Secrétaire-Administrateur du *Comité central des Artistes.*

PARIS.
AU BUREAU DE *L'EUROPE ARTISTE,*
57, FAUBOURG MONTMARTRE.
1857.

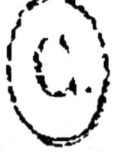

SALON DE 1857.

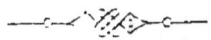

I.

AVANT-PROPOS.

Quelques-uns de nos confrères qui attendaient, comme nous, l'ouverture des portes de l'exposition des Beaux-Arts, nous faisaient observer que cette solennité n'excitait plus le même empressement que jadis. C'était alors, en effet, un spectacle curieux et plein d'intérêt que de voir tout ce que la capitale renferme de distingué et d'éclairé, même les belles élégantes, venir, une heure à l'avance, faire le pied de grue sur la place du Musée, attendre patiemment, puis aux premiers coups de onze heures frappés à l'horloge du Louvre, se presser, se fouler et faire irruption dans les salles, comme une armée dans une ville prise d'assaut. Deux causes ont paralysé cet élan passionné du public pour nos expositions. C'est d'abord et principalement le prix d'entrée établi depuis peu d'années, et ensuite l'éloignement du centre de Paris des différents locaux choisis provisoirement. Il est vrai que cette dernière cause va disparaître, si, comme tout le fait entrevoir, M. Lefluel, l'habile architecte de l'Empereur, a bientôt terminé les salles du nouveau Louvre destinées aux expositions des Beaux-Arts. D'un autre côté, si l'administration veut rendre à l'ouverture du Salon cette solennité, cet enthousiasme d'autrefois, inconnus partout ailleurs qu'en France, elle n'a qu'à décider que ce jour-là l'entrée sera gratuite. Ce serait, du reste, un acte de justice envers les familles des artistes si intéressées à voir et à juger, des premiers, les œuvres exposées ; mais se trouvant souvent dans l'impossibilité de payer le droit d'entrée, elles sont, par conséquent, forcées d'attendre huit jours pour satisfaire gratuitement ce sentiment de curiosité bien naturel.

Quant à nous, partisan des expositions gratuites, nous nous exprimions ainsi dans notre compte-rendu de l'Exposition universelle : « Nous ne
» sommes pas partisan du droit d'entrée, non
» parce que ce mode est contraire à nos mœurs, à
» la générosité bien connue de notre caractère, mais
» parceque, si ce prix d'entrée était appliqué à l'a-
» venir, il paralyserait le progrès chez nous, en em-
» pêchant la majorité des artistes et des ouvriers
» d'aller, comme précédemment et le plus souvent
» possible, méditer et étudier à nos expositions.
» Nous avons prouvé, dans notre *Revue du Salon*
» *de* 1852, que si l'Angleterre, si l'Allemagne étaient
» inférieures à nous dans les Beaux-Arts et dans l'In-
» dustrie, ce n'était ni faute d'écoles ni faute de pro-
» fesseurs, mais à cause de la rareté de leurs expo-
» sitions, d'ailleurs aussi peu fréquentées que leurs
» musées, et parce qu'elles ne sont jamais gratuites.

» Nous avons prouvé que la France ne devait sa su-
» périorité artistique et industrielle qu'à ses Salons
» annuels et gratuits qui, depuis 1830, nous ont
» fait faire des progrès si remarquables. Nous re-
» grettons donc, plus sincèrement que nous l'ex-
» primons ici, que la Compagnie du Palais de l'In-
» dustrie n'ait pu accorder, *un jour par semaine,*
» *au moins, l'entrée gratuite* aux deux expositions. »

Ce que la Compagnie du Palais de l'Industrie n'avait pu faire, l'administration du Musée l'a fait cette année : elle a accordé, comme nous le demandions, un jour d'entrée gratuite par semaine : le dimanche. Nous l'en félicitons, et si, à l'avenir, le jour d'ouverture de l'Exposition était gratuit, elle aurait, croyons-nous, fait droit à toutes réclamations sur ce point ; car, il faut le reconnaître, la perception du prix d'entrée produit des sommes considérables, et ces sommes servent à des acquisitions de tableaux et de statues qui n'auraient point lieu sans cette ressource. Il y aurait donc injustice à ne pas le signaler : l'administration fait ce qu'elle peut pour satisfaire et concilier tous les intérêts. Malheureusement, c'est une chose, sinon impossible, du moins toujours très difficile.

Cependant, malgré les plaintes inévitables émanant d'esprits chagrins et contradicteurs, on ne peut s'empêcher d'avouer que M. le directeur des Musées a su tirer le meilleur parti de ce vaste palais des Champs-Élysées dont les artistes s'effrayaient à la pensée que leurs œuvres seraient écrasées par l'immensité du local et la diffusion de la lumière. Les neuf salles construites pour l'exposition de peinture, dans la galerie supérieure, donnent un jour du haut également favorable à tous les tableaux. Quant à la sculpture, elle est disséminée avec discernement dans les salons de peinture et dans le charmant jardin anglais, dessiné et planté, avec un goût exquis, dans l'immense transept du palais. Cette disposition satisfait-elle tout le monde ? Mon Dieu non ! et M. le comte de Nieuwerkerke ne pouvait l'espérer. Nous avons entendu des raisonnements curieux à ce sujet : ceux-ci disent qu'ils n'ont point fait des statues pour orner un jardin ; ceux-là préféreraient voir leurs sculptures dans l'ancien et triste local du Louvre. Patience, messieurs, le Louvre s'achève, et l'année prochaine vos ouvrages pourront reprendre leur ancienne ligne de bataille dans un froid rez-de-chaussée que le public traversera à la hâte, comme autrefois, sans s'y arrêter. Peut-être alors regretterez-vous ces jolies prairies qui attirent les visiteurs, ce fond de verdure sur lequel vos statues se détachent, ce frais ruisseau qui serpente dans ce gazon, et réflète, en courant, les formes gracieuses de vos groupes Mais vos regrets seront superflus ; le Louvre ne se prêtera à aucune métamorphose ; tel il sera, tel il faudra le supporter. N'aura-t-il pas été construit pour vous?

Au reste, depuis bientôt trente ans que nous suivons les expositions des beaux-arts, il n'en est pas une où l'on ne se soit plaint et du local et du jury. Le jury surtout a été l'objet de continuelles récriminations. Que de pétitions n'a-t-on pas signées pour demander à le réformer et même à le supprimer ? quelle guerre le romantisme ne lui a-t-il pas livrée dans les premières années du règne de Louis-Philippe ? Il est vrai que l'Institut, qui composait le jury d'admission, refusait impitoyablement tout ce qui n'était pas dans ses vues. C'est cependant de cette guerre du classique et du romantique qu'est sorti le progrès de l'art et cette école moderne et vraiment française qui a brillé avec un tel éclat à l'Exposition universelle, en présence des écoles européennes réunies. L'antipathie contre le jury était telle, en 1848, qu'on profita des événements pour faire une exposition libre où tous les ouvrages présentés seraient admis. On se rappelle l'effet de cette exposition ; ceux-là même qui l'avaient demandée ont été les premiers à la regretter et à réclamer le rétablissement d'un jury pour les admissions au salon de 1850. En effet, il fut nommé à l'élection par les artistes exposants. C'était une garantie pour les écoles diverses, et pourtant il y eut encore des mécontents. Le jury pour les salons de 1852 et de 1853 fut composé, moitié de membres nommés à l'élection par les artistes exposants, moitié de membres choisis par l'administration. Cette combinaison était sage ; elle ne fut, pas plus que les précédentes, exempte de reproches plus ou moins passionnés, tant il est difficile d'obtenir l'approbation générale. Cette année, le jury est redevenu ce qu'il était avant la révolution de février ; il a été uniquement composé des membres de la section des beaux-arts de l'Institut. Mais il faut dire que l'Institut de 1857 ne voit plus comme voyait l'Institut de 1830 ; il a subi, à son insu, l'influence de la nouvelle école ; ses principes se sont modifiés par l'admission dans son sein d'artistes jeunes encore et appartenant à l'école actuelle. Sans doute, l'Institut montrera toujours une préférence pour les lauréats de l'Ecole, quelle que soit leur faiblesse, sans doute, il y a eu, cette fois encore, des faits personnels, des refus immérités très regrettables. Pourquoi s'en étonner ? De ce qu'on est membre de l'Institut cesse-t-on d'être homme, et plus ou moins accessible aux mauvaises passions? Il y aurait, ce nous semble, un moyen bien simple de mettre un terme à ces petites méchancetés : ce serait de laisser ignorer au jury, quel qu'il soit, le nom de l'artiste dont il examine les œuvres. Cette mesure si simple et d'équité réjouirait bien des artistes et nous tout particulièrement.

Quoi qu'il en soit, et malgré les exclusions auxquelles nous venons de faire allusion, on doit savoir gré au jury de 1857 d'avoir réparé une injustice en admettant les œuvres d'un artiste distingué contre lequel on avait lancé toute la meute de rapins de l'école. On doit, pour être juste, lui savoir gré aussi d'avoir reçu au moins un ouvrage à presque tous les artistes qui ont envoyé à l'Exposition. On nous dira que l'étendue du local permettait au jury de se montrer plus bienveillant encore, en ouvrant une ou deux salles de plus, et en recevant au moins deux ouvrages au lieu d'un seul, qui n'est pas toujours le meilleur parmi ceux présentés. C'est aussi notre avis ; mais il n'est pas moins vrai que le Salon de 1850 ne comptait que 1,185 ouvrages, que celui de 1852 n'en présentait que 1,757, que celui de

1853 n'en avait que 1,768, tandis que le livret de l'Exposition de 1857 en consigne 3,483, presque le double des précédentes expositions. C'est un résultat dont il faut tenir compte au jury. Les 3,483 œuvres d'art exposées se divisent ainsi : —Peinture, 2,715 ; —Sculpture, 429 ; —Gravure, 147 ; —Lithographie, 98 ; —Architecture, 85 ; —Photographie, 9. —Notons, en passant, que c'est la première fois que la photographie figure à une exposition des Beaux-Arts. Ces œuvres sont dues à 1454 Exposants, savoir : 1172 peintres, 117 sculpteurs, 74 graveurs, 43 lithographes, 34 architectes.

Il est un autre résultat, et des plus honorables, que nous devons certainement au rang exceptionnel auquel l'école française s'est élevée dans ce concours européen qui s'est appelé l'Exposition universelle. Nous voulons parler du nombre considérable des artistes étrangers qui exposent cette année. Au Salon de 1852, nous comptions 113 artistes étrangers plus de 200 sont inscrits au livret de 1857.

Maintenant le Salon de 1857 est-il supérieur ou inférieur à ceux des années précédentes ? C'est là ce qu'il serait téméraire d'affirmer à une première visite. Ce que nous pouvons dire, c'est que, à l'exception du grand tableau de M. Yvon, la grande peinture y est nulle et qu'au contraire la petite et la moyenne peinture y sont très remarquables. Les tableaux de genre y sont en majorité. Ce qu'il est bon de signaler, c'est que les écoles ou plutôt les systèmes y sont moins distincts, moins tranchés qu'aux autres expositions. M. Courbet lui-même semble avoir compris qu'on peut être réaliste tout en copiant la belle nature de préférence à la laide. Nous n'avons rien vu de MM. Ingres, Scheffer et Delacroix ; mais on s'arrête avec empressement devant les tableaux de MM. Horace Vernet, Robert Fleury, Muller, Matout, Gérôme, Meissonnier, de Mercey, Dubufe, Galimard, Glaise, etc.

Quant à la sculpture, elle s'est maintenue au degré de supériorité qu'elle a atteint, et presque tous nos statuaires ont envoyé au moins une œuvre, malgré les travaux qui les ont occupés au Louvre.

Notre critique formera cinq chapitres : Peinture historique ; — Tableaux de genre, — Portraits, — Paysages et Marine ; — Dessins, Aquarelles, Pastels et Miniatures ; — Sculpture ; — Gravure. Lithographie, Architecture et Photographie.

II.

PEINTURES HISTORIQUES.

On désignait autrefois sous le titre de : *Peinture historique*, tout tableau représentant un trait de l'histoire ancienne, soit sacrée soit profane, et presque toujours exécuté sur une toile de grande dimension où l'artiste s'appliquait à l'étude du nu, cet écueil de l'art. Aussi, les sujets grecs et romains étaient-ils choisis de préférence et envoyés en très grand nombre aux expositions du Louvre. Mais il est dans l'ordre naturel de se fatiguer de tout, de se blaser des plus belles comme des meilleures choses, et un jour l'on s'écria de toute part : *Qui nous délivrera des Grecs et des Romains?* On s'était demandé pourquoi l'on ne reproduirait pas aussi les traits les plus intéressants de l'histoire moderne, les hauts-faits de l'histoire nationale? Le célèbre peintre Gros fut le premier qui commença cette révolution dans la peinture; il fut le père de la nouvelle école.

> J'en atteste Jaffa, ce chef-d'œuvre où le cœur
> Prête au talent l'appui de son feu créateur !
> J'en atteste d'Eylau la scène magnifique,
> Et son Napoléon, au regard pathétique !
> J'en atteste l'éclat du combat d'Aboukir,
> Ce fruit de quelques mois, où l'art sut réunir
> Expression, dessin, couleur, fougue guerrière ;
> Où le coursier d'un preux, secouant sa crinière,
> Impétueux, bouillant, respirant la fierté,
> L'œil plein d'un feu vainqueur, le poitrail argenté,
> Nous rappelle soudain ceux que la Poésie
> Attache au char du jour et nourrit d'ambroisie...

Après lui vinrent Géricault, Horace Vernet, Paul Delaroche, Eugène Delacroix, les Devéria, les Johannot et tous les maîtres qui se sont formés depuis 1830.

Aujourd'hui, la majorité des sujets traités par les artistes exposants appartiennent à l'histoire moderne, et principalement à l'histoire contemporaine.

Nous considérerons donc comme *peinture historique* tout tableau, grand ou petit, reproduisant un trait d'histoire soit ancienne ou moderne, soit sacrée ou mythologique, et, sans suivre l'ordre hiérarchique ni méthodique, nous analyserons les œuvres à mesure que nous les rencontrerons. Ceci dit, nous commençons notre Revue.

M. **Louis Matout** a exposé deux grands tableaux pendantifs destinés à compléter, avec celui d'Ambroise Paré exposé en 1855, la décoration du grand amphithéâtre de l'École de Médecine.—Celui des deux tableaux que nous préférons porte le numéro 1867 et représente *le célèbre chirurgien Desault*, qui, à la fin du XVIIIe siècle, institue la première clinique chirurgicale, et démontre à ses élèves l'appareil inventé pour les fractures de la cuisse. Cette scène est bien groupée, les différents plans bien observés ; il y a de l'air. La pose du professeur est vraie, simple sans manquer de dignité, et le sentiment d'attention des élèves n'a rien de maniéré. Le second tableau (1866) représente *le chirurgien Lanfranc*, qui fit, en 1295, les premiers cours de chirurgie qui aient été ouverts en France. Ici, l'artiste a cherché l'effet pittoresque, et il a été moins vrai. Parmi les élèves assis sur les gradins de l'amphithéâtre, il en est un, au centre, dont la pose paraît inexplicable ; il semble à cheval on ne sait sur quoi. Du reste, ce tableau a des qualités de couleur très remarquables.

M. **Dubufe fils** a, cette année, une très grande toile (819) intitulée : *le Congrès de Paris en* 1856. Ce n'est pas positivement une séance du congrès que l'artiste a voulu rendre, car cette assemblée n'a rien de la raideur d'une réunion officielle. Les diplomates ne sont point assis autour de la table selon le rang assigné à chacun d'eux par l'étiquette ; ils sont dispersés par groupes dans le salon, pendant que la conversation principale est tenue entre les ambassadeurs de Turquie, d'Angleterre, de France et de Russie. Cette composition est heureusement conçue et habilement exécutée. Outre le mérite de la ressemblance des portraits, plusieurs d'entre eux sont peints avec le talent qui distingue M. Dubufe fils.

M. Müller a été moins heureux que M. Dubufe dans son grand tableau représentant *l'Arrivée de S. M. la reine d'Angleterre au palais de Saint-Cloud* (1983). Il serait impossible de se douter que cette peinture est de M. Müller si le livret n'était là pour l'attester, tant elle est étrangère à sa manière de faire : ce n'est ni sa couleur ni son dessin. C'est une œuvre très faible.

Il n'en est pas de même d'une autre composition du même artiste (1982), *la Reine Marie-Antoinette à la Conciergerie*. Sans avoir le mérite exceptionnel de la Marie-Antoinette après sa condamnation, peint par Paul Delaroche, la scène reproduite par M. Müller impressionne et touche. Puis, on retrouve ici les qualités de facture, la vigueur de couleur et de modelé que cet artiste a mis dans le tableau qui a établi sa réputation, *l'Appel des condamnés*, acquit par l'État et placé au musée du Luxembourg.

M. Horace Vernet, notre peintre de bataille, a exposé un épisode de la *Bataille de l'Alma ;* c'est le moment où la 3ᵉ division, commandée par S. A. I. le prince Napoléon, franchit la rivière et attaque le centre des Russes. Le célèbre artiste a mis dans cette

2

toile tout le talent qu'on lui connaît ; tout y est touché de main de maître : types militaires, chevaux et paysage.

M. **Pils** est appelé aux plus grands succès dans la peinture de batailles traitées dans de petites dimensions. Son *Débarquement de l'armée française en Crimée* est une œuvre très remarquable, quoique laissant à désirer sous le rapport du dessin dans quelques parties du tableau, telle que la figure du général Canrobert et celle du maréchal de Saint-Arnaud. La scène est disposée avec simplicité et une grande vérité : sur les premiers plans, le maréchal de Saint-Arnaud, son état-major et un admirable groupe de chasseurs à pied ; ensuite, des bataillons qui se forment à mesure que les hommes débarquent, et dans le fond toute la flotte et les innombrables embarcations qui transportent les troupes sur cette terre de Crimée où notre gloire militaire va grandir encore le nom de la France. L'artiste n'avait pas à vaincre ici les difficultés qu'on rencontre lorsqu'on peint une bataille ; aussi, sa composition ne peut-elle être comparée à un tableau de ce genre. Mais on ne saurait trop louer M. Pils de l'effet qu'il sait produire tout en restant simple et naturel, ainsi que de l'air, de la lumière répandues sur cette scène peinte avec une grande puissance de coloris.

M. **Baudry** est aussi un coloriste. Son *Supplice d'une Vestale* (123) a été exposé, il y a un an, parmi les envois de Rome à l'École impériale des Beaux-

Arts, et nous ne pouvons que répéter ce que nou
disions alors de ce tableau : « La composition est
confuse, inintelligible; les personnages sont gênés,
embarrassés dans leurs mouvements. Cependant,
cette page n'est pas dépourvue de mérite sous le
rapport du coloris, mais le dessin manque de cor-
rection.

Nous préférons du même artiste *la Fortune et le
jeune Enfant* (124), sujet tiré de ces trois vers de
Lafontaine :

« La Fortune passa, l'éveilla doucement,
» Lui disant : Mon mignon, je vous sauve la vie,
» Soyez une autre fois plus sage, je vous prie. »

La Figure de femme est bien dessinée, ses formes
sont correctes, élégantes, mais sa pose et celle de
l'enfant sont trop maniérées.

La Léda (126), du même peintre, est un petit tableau plus simple, mais qui sent encore l'arrangement de convention de l'enseignement académique.
Ici, Léda est debout avec le cygne près d'elle; ni
l'un ni l'autre ne sont émus. Nous préférons la
composition de M. Galimard : *la Séduction de Léda*,
qui figure à cette Exposition et dont nous parlerons
bientôt. Néanmoins, le petit tableau de M. Baudry
est une belle étude de femme nue, d'un joli dessin
et d'une bonne couleur.

M. Bellangé, le peintre de scènes militaires, a
un petit tableau (146) représentant *la Prise des
embuscades russes* devant le bastion central de Sébastopol, dans la nuit du 2 mai 1855, attaque où
fut tué le colonel Viennot de la légion étrangère.

Ce combat est rendu avec l'habileté ordinaire de ce maître. L'effet de nuit est très bien rendu.

M. **Jobbé-Duval** a aussi un petit tableau, mais il est traité comme de la grande peinture ; il est intitulé : *le Calvaire* (1442). Ce sont les saintes femmes qui arrivent le soir au calvaire. La Madelaine est déjà au pied de la croix ; elle contemple le Christ dont elle saisit les pieds dans ses mains crispées. Ce mouvement s'explique mal : on croirait qu'elle prend les pieds du Christ pour les lui remonter plus haut sur la croix. La figure de la Vierge est d'un beau sentiment, et l'effet du crépuscule répand une teinte de douce mélancolie sur cette touchante composition.

M. **Gigoux** compte au Salon deux sujets historiques ; l'un (1,168), *le Bon Samaritain*, n'est qu'une très faible étude d'homme nu, couché au milieu des vignes, d'où sort une tête de marchand de dattes du boulevart, laquelle paraît étonnée de voir dormir un homme dans cet état et dans cet endroit. Ce tableau n'eût certainement pas été admis à l'Exposition si M. Gigoux, comme décoré, n'était exempté de soumettre ses ouvrages à l'examen du jury.

Quoiqu'inférieur à beaucoup d'œuvres de M. Gigoux, *la Veille d'Austerlitz* (1169) vaut mieux que la composition du précédent tableau. Dans celui-ci l'artiste a choisi le moment où, après avoir passé la soirée au bivouac avec ses maréchaux, l'Empereur voulut visiter ses soldats et juger par lui même

— 17 —

de leur disposition morale. Les premiers soldats qui l'aperçurent, voulant éclairer ses pas, ramassèrent la paille de leur bivouac et en formèrent des torches enflammées qu'ils placèrent au bout de leurs fusils. En quelques minutes, cet exemple fut imité par toute l'armée. Les soldats suivaient les pas de Napoléon aux cris de : *Vive l'Empereur !* lui promettant de se montrer le lendemain digne de lui et d'eux-mêmes. Cette scène de nuit est assez bien rendue ; les poses n'ont rien de trop exagéré dans le mouvement, et c'était là l'écueil à éviter.

M. **Besson**, sous le titre de : *Enfance de Grétry* (206), nous représente le jeune Grétry armé de son petit violon, faisant danser la jeunesse du village dans l'auberge tenue par son père, ce que voyant, son oncle le curé s'écrie : « Ah! mon cher enfant, lui dit-il, dans quel enfer vous vivez ! » Cette fête de village est une charmante composition pleine d'entrain et de mouvement ; on y trouve de jolis groupes de femmes et la couleur y est chatoyante.

M. **Yvon** a exposé la plus importante et la plus remarquable composition du Salon de 1857. C'est *la Prise de la tour Malakoff* (2708).

Le 1er bataillon du 1er zouaves s'élance de la septième parallèle et marche droit à l'angle d'épaule qui relie la courtine à la face gauche de Malakoff. Les deux autres bataillons suivent immédiatement. Les hommes, après avoir franchi le fossé, couronnent le parapet ; les plus lestes, les plus braves ou les plus heureux, sont déjà dans l'intérieur de l'ouvrage ; le colonel Collineau les conduit ; il a été blessé à la tête au moment où il y pénétrait le premier. Le combat s'est engagé sur le parapet et le talus intérieur où les canonniers russes se font tuer sur leurs pièces en se défendant avec acharnement à coups de crosses, de leviers, d'écouvillons, de pierres et d'éclats de projectiles.

Le 7e de ligne, ayant à sa tête le colonel Decaen, a débouché des tranchées à la suite du 1er zouaves ; il se dirige sur le saillant de Malakoff de manière à laisser sur sa droite le 2e bataillon de zouaves ; sa tête de colonne gravit les parapets et pénètre dans les embrasures.

Le 1er bataillon de chasseurs à pied, commandant Gambier, formant la tête de la 2e brigade de la division de Mac-Mahon, sort des tranchées après le 7e de ligne. On voit ses premiers hommes arriver au sommet des talus.

Le chef de bataillon du génie Ragon, commandant une escouade de sapeurs, se précipite dans la redoute avec quelques-uns de ses hommes armés de pelles et de pioches ; le reste de sa troupe apporte les échelles-pont destinées à faire franchir plus facilement le fossé aux assaillants.

Un détachement de canonniers conduits par le capitaine d'artillerie Crouzat et munis des outils d'enclouage, se précipitent sur les pièces malgré la résistance de l'ennemi.

Au moment où se passe cette scène, au moment où un enfant de Paris, le jeune Lihaut, caporal de zouaves, fit flotter le drapeau français sur Malakoff, le général de Mac-Mahon a franchi le fossé. Il plante son épée sur le terrain déjà conquis par nos colonnes et donne ses premières instructions au colonel Lebrun, son chef d'état-major. A ses pieds tombe le colonel d'état-major de La Tour du Pin, frappé d'un éclat d'obus.

En arrière de la première ligne, on voit le général Vinoy qui entraîne, au sortir de la tranchée, la tête de colonne de la 2ᵉ brigade (20ᵉ et 27ᵉ de ligne). Cette tête de colonne marche sur les traces du 2ᵉ bataillon de zouaves, de manière à arriver dans l'angle formé par la courtine et l'ouvrage.

A cent mètres du général Vinoy se prononce le mouvement de la division La Motterouge, derrière laquelle on voit arriver dans la poussière les 6ᵉ et 9ᵉ batteries de campagne du 10ᵉ d'artillerie, commandées par le chef d'escadron Souty, qui vont intrépidement se mettre en position sous le feu de la courtine et du Petit-Redan.

Au-dessus, sur l'emplacement d'anciennes carrières, le général Bosquet vient d'être atteint d'un éclat de bombe.

C'est derrière ce plan que sont massées en réserve les troupes de la garde, qui, quelques instants plus tard, vont faire des prodiges de valeur sur la courtine du Petit-Redan.

Derrière le 7ᵉ de ligne, sortant de la sixième parallèle, les zouaves de la garde, colonel Jannin, et la brigade Wimpffen (tirailleurs algériens, 3ᵉ zouaves et 50ᵉ de ligne), désignés pour former la réserve de la division Mac-Mahon, se dirigent sur le drapeau qui domine Malakoff, et à l'appel des clairons du 1ᵉʳ zouaves qui, formés en petit groupe, ne cesse de sonner la charge.

A 500 mètres en arrière se voit, à travers les flots de poussière, le Mamelon-Vert occupé par l'état-major-général et le général Pélissier, qui, de là, peut embrasser l'ensemble de l'attaque de l'extrême droite et de l'extrême gauche.

Cette description donne une idée des difficultés que M. Yvon a eu à vaincre pour rendre avec clarté un sujet aussi compliqué et aussi difficile. Il s'en est tiré avec talent. On suit sur cette toile immense la marche de l'action ; on assiste véritablement à la prise de la tour Malakoff, aux scènes terribles qui se sont passées dans ce grand drame. Plusieurs des principales figures y sont touchées de main de maître, telles que celles du colonel de zouaves Collineau, placée sur le premier plan, du général russe qui retient ses soldats qui fuyent, du général de Mac-Mahon qui plante son épée sur le sommet de la tour, et de ce zouave, enfant de Paris qui arbore le drapeau de la France. C'est une composition qui demande et qui gagne à être vue plusieurs fois. Cette belle peinture place M. Yvon à côté d'Horace Vernet, auquel il est appelé à succéder comme peintre de bataille.

M. **Eugène Devéria** reparaît à nos expositions qu'il avait délaissées depuis quelques années, après y avoir obtenu de brillants succès. Des deux tableaux historiques qu'il a envoyés au Salon de 1857, nous préférons celui portant le numéro 755 ; il représente la *Mort de Jeanne Seymour*, troisième femme de

Henri VIII, roi d'Angleterre, le lendemain de la naissance de son fils Edouard VI, en 1557. Le coloris de ce peintre est toujours aussi riche, aussi coquet qu'autrefois, sans être plus vrai. La douleur que doit produire une mort aussi inattendue que celle de cette reine n'est pas assez exprimée sur les visages de ces gens de Cour, et, sans le livret, on ne se douterait guère qu'on assiste à une agonie. Au premier abord, on croit qu'il s'agit de la mise au monde de ce bel enfant qu'on présente à la mère et aux assistants. Du reste, les personnages sont groupés avec goût, et l'on trouve dans ces groupes de charmantes têtes de femmes.

Sous le titre : *les Quatre Henri dans la maison de Crillon à Avignon* (756), M. Devéria représente Henri III, Henri IV, rois de France, Henri de Guise et Henri, prince de Condé, jouant aux dés sur une table de marbre blanc. Le sang qui s'échappe, par deux fois, de l'un des cornets, éclabousse les mains des joueurs impressionnés de différentes manières, et tandis qu'Henri IV jette son chapeau en défi à la Camarde et que Crillon se met l'épée à la main derrière les deux rois, le médecin Miron, futur ami de Henri IV, dit aux gentilshommes qui l'entourent : « C'est là un signe que ces quatre seigneurs mourront assassinés. » Cette scène est retracée d'une manière très intelligible ; la couleur est aussi fort jolie, mais le dessin laisse bien à désirer. Les figures ne sont pas dans les règles de proportions du corps humains ; Crillon a au moins quatre longueurs de tête de trop. C'est là le défaut habituel à cet artiste; on le retrouve dans son tableau de la naissance de Henri IV qui est au Musée du Luxembourg.

M. **Galimard** a enfin obtenu justice. Son tableau, *la Séduction de Léda*, est exposé, et le public, ce souverain juge, reste étonné de trouver tant de charme, tant de belles qualités dans une œuvre contre laquelle tant d'artistes se sont acharnés sans trop savoir pourquoi. Nous n'avons jamais compris que des gens de cœur consentissent bénévolement à se coaliser contre un seul homme, contre un confrère, pour le tuer dans l'opinion publique. Aujourd'hui, en présence du tableau de M. Galimard, les individus qui avaient crié le plus contre lui sont forcés de convenir avec tout le monde que la composition est gracieuse, que la tête de Léda est jolie, que le torse, les bras, la jambe gauche sont de formes élégantes et bien modelés, que le coloris a de l'éclat, de l'harmonie, et que le cygne est peint d'une manière très remarquable. Ce n'est pas un chef-d'œuvre, mais c'est une belle et bonne peinture, la meilleure, à notre avis, qu'ait produite M. Galimard.

M. **Larivière** nous montre *le Martyre de Saint Vincent* (1573). C'est en l'an 303 de Jésus-Christ, que Dacien, après lui avoir fait subir les plus cruels tourments, furieux de n'avoir pu vaincre le courage du saint, le renvoya en prison, avec ordre de le coucher sur des morceaux de pots cassés et de lui mettre les pieds dans des ceps de bois. Mais Dieu n'abandonna pas son serviteur. Des anges, descendus du Ciel, vinrent le consoler et chanter avec lui les louanges de son protecteur. Ce tableau est peint avec la vigueur que l'on reconnaît à M. Larivière. Ce n'est peut-être pas là ce que l'on est convenu d'appeler de la peinture religieuse. Mais la descente de croix de Rubens, pour n'avoir aucun rapport avec la peinture de Raphaël, n'en est pas moins une œuvre admirable, le chef-d'œuvre qu'on admire toujours. Pour nous qui aimons le beau partout où nous le rencontrons, nous ne pouvons qu'applaudir à la manière dont M. Larivière a peint et modelé la figure de saint Vincent ; mais les bras des deux anges manque de finesse et d'élégance.

M. **Comte** a exposé quatre sujets très intéressants et très bien rendus. Le plus parfait de ces tableaux est celui qui représente *Henri III visitant la ménagerie de singes et de perroquets*. Cette petite toile est peinte et dessinée avec une grande délicatesse de pinceau ; il y a des types charmants. *François I*er *et la duchesse d'Étampes visitant l'atelier de Benvenuto Cellini* (581), est encore une gracieuse composition. La tête de la duchesse est jolie et François Ier est dessiné correctement. Le reste de la Cour qui accompagne le souverain est moins bien. *Catherine de Médicis faisant de la magie dans sa chambre au château de Chaumont*, où Ruggieri lui fait voir dans le miroir magique que ses fils mourront sans postérité et qu'Henri de Bourbon leur succédera sur le trône (579), est un tableau étudié avec conscience jusque dans ses moindres détails. Enfin, le quatrième tableau de M. Comte

(578), *Jeanne Grey* qui vient de soutenir une discussion contre les théologiens Bonnet, Gardiner et Feckenham, et qui voit son mari, lord Guifford Dudley, se jeter à ses pieds et lui demander pardon d'avoir voulu abandonner sa foi, est d'une couleur plus sévère que les précédents, parfaitement en harmonie avec le sujet.

M. **Lazerges** a retracé une épisode de la dernière inondation. C'est *S. M. l'Empereur distribuant des secours aux inondés de Lyon* (1623). Cette toile est certainement la meilleure de toutes celles qui traitent le même sujet ; aucune ne peut lui être comparé comme mise en scène et comme exécution. Le côté droit du tableau contient surtout des groupes très remarquables ; mais ceux du côté opposé sont un peu plats, il n'y a pas assez d'air. — *La Vierge et l'Enfant Jésus* (1624) est un joli petit groupe qui entre dans la manière de ce peintre qui aime les sujets religieux. La Vierge est belle, mais est-ce bien là le type biblique ? — Dans une autre gracieuse composition, M. Lazerges représente *l'Albane regardant jouer ses enfants* (1625). Le groupe d'enfants est plein de grâce, ainsi que la pose de l'Albane.

M. **Louis Boulanger** a un petit tableau d'une grande puissance de coloris, une *Mater dolorosa* (340). Le sentiment de douleur de la Vierge est on ne peut plus expressif.

M. **Biard** a peint, avec le talent qu'on lui connaît, *le Bombardement de Bomarsund*. Ce tableau représente plutôt un des vaisseaux chargés de cette opération, que le bombardement proprement dit, car de Bomarsund et de l'action générale on ne voit rien. M. Biard a voulu nous faire assister aux manœuvres d'un vaisseau pendant le combat et il a parfaitement réussi. Tout y est clairement rendu. Les types de marins sont tout à fait *nature*; on voit que ce sont des portraits.

M. Hesse expose cette année une *Descente de croix* (1346). Cette composition est conçue et peinte dans le style religieux. L'expression de la Vierge qui pose la main sur la plaie du Christ est d'un sentiment touchant; le torse du Christ est bien modelé, et les bras sont d'un dessin vrai, élégant.

M. Beaucé, dans *l'assaut de Zaatcha* (Afrique) (135), nous montre le colonel Canrobert, des zouaves, marchant à la tête de la colonne qui s'élance sur la brèche, où quatre officiers, seize sous-officiers ou soldats de bonne volonté l'accompagnent. Il y a de l'élan, de l'action dans cette composition qui se distingue encore par la chaleur du coloris.

M. Hillemacher a, sous le numéro 1351, une *Sainte Famille* d'un effet assez pittoresque. La scène se passe dans l'atelier de charpentier, au milieu des pièces de bois et des copeaux. La Vierge est assise; elle tient l'Enfant-Jésus auquel saint Joseph, qui a quitté son travail, vient offrir une colombe. Ce tableau est largement dessiné et franchement touché. Il y a de la fraîcheur dans le coloris. Les têtes sont jolies et les nus bien dessinés.

M. **Janet-Lange** a traité le même sujet que M. Lazerges : *Napoléon III distribuant des secours aux inondés de Lyon*, mais il est loin d'avoir aussi bien réussi. C'est surtout la figure de l'Empereur qui laisse à désirer ; le cheval est tout à fait manqué. Néanmoins, les groupes du peuple sur le premier plan sont d'une grande vérité comme types et comme couleur.

M. **Antigna** s'est chargé de peindre *la Visite de S. M. l'Empereur aux ouvriers ardoisiers d'Angers, pendant l'inondation de* 1856. Cette composition est simple et d'un sentiment vrai. L'artiste n'a pas visé à l'effet ; il a voulu reproduire la scène telle qu'elle s'est passée et il a bien fait. Nous trouvons seulement le ton général du tableau un peu trop gris.

M. **Schrader**, peintre prussien, a envoyé une *Tentation de Saint Antoine* (2425) qui est peinte avec assez de vigueur. La femme qui cherche à séduire ce pauvre saint est belle, et le jeune amour qui l'excite est fort joli. Cette toile, d'assez grande dimension, fait honneur à l'école de Dusseldorff à laquelle M. Schrader appartient.

M. **Vignon** a exposé (2662) *Jésus sur la croix*, disant : « *Mon Père, je remets mon âme entre vos* *mains.* » Le ton général de ce tableau est d'un rosé désagréable, et le Christ est si raide sur la croix qu'on croirait qu'il est cloué de distance en distance pour empêcher à ses membres de fléchir sous le poids du corps. Les formes sont peut-être d'une nature trop herculéenne ; plus d'élégance et de finesse eussent convenu au Dieu fait homme, à la nature si douce, si sensible du Christ.

Avec cette grande page, M. Vignon a encore deux petits tableaux du même ton que le précédent, mais qui ressemblent, par la manière dont ils sont traités, à deux concours d'esquisse de l'école des Beaux-Arts. Le mieux composé, selon nous, est celui qui représente *Cornélie*, la mère des Gracques (2667). Les groupes sont heureusement disposés et l'effet de lumière bien combiné. Le dernier (2666) a pour sujet : *Véturie*, la mère de Coriolan, qui parvient à vaincre le ressentiment de son fils que les tribuns avaient fait condamner à l'exil, et le décide à lever le siége qu'il était venu mettre devant Rome, sa patrie. Ce tableau rappelle surtout les concours de l'école impériale des Beaux-Arts.

M. **Bouterweck**, né en Prusse, appartient cependant à l'école française ; il est facile de s'en apercevoir à la solidité du coloris de son tableau de *Sainte-Barbe,* bénissant la vie et les travaux des mineurs dont elle est la patronne (365). Cette composition sent un peu l'arrangement ; mais il était impossible de mieux grouper les ouvriers des diverses professions employés aux travaux des mines.

M. **Quecq** nous montre une *Épisode du siége d'Avaricum (Bourges), par Jules César* (226). Cette ville étant prise d'assaut, une jeune femme gauloise, pour échapper à un guerrier romain, se précipite du haut d'une tour avec son enfant dont elle essaye d'étouffer les cris. Cette scène est dramatique et M. Quecq l'a traitée avec intelligence. La pose du soldat qui se cramponne aux vêtements de cette femme, qui s'élance déjà des bords du parapet, est d'un mouvement plein d'énergie. Cette femme se suicide bien avec l'égarement du désespoir et de la frayeur. Peut-être l'expression est-elle un peu exagérée et nuit-elle à la beauté des traits de la femme.

M. **Marc** a peint l'assassinat de François de Lorraine, duc de Guise, par Jean Poltrot, le 18 février 1563, veille du jour où il devait donner l'assaut à la ville d'Orléans (1818). Cette scène se passe la nuit et dans un bois. L'effet de lune au travers des arbres est bien rendu ; le mouvement du duc de Guise est vrai ; les chevaux sont également bien dessinés.

M. **Petit** fait ce qu'on est convenu d'appeler le genre religieux ; c'est de la peinture de convention, une sorte de dessin légèrement coloré. Le grand tableau de cet artiste représente *l'Institution de l'adoration du Saint-Sacrement* (2133). Les figures sont arrangées symétriquement et avec goût ; elles sont dessinées assez correctement, mais elles sont sèchement peintes.

Feu **Goyet** a laissé inachevé une des plus grandes toiles du Salon ; elle représente *le Massacre des Innocents* (1226). Cette composition est conçue dans le goût classique ; les effets dramatiques y sont cherchés ; les groupes sont arrangés, et quelques-uns empruntés au même sujet traité par Rubens dans un grand tableau que nous avons vu à la Pinacothèque, à Munich. Cependant cette peinture, qui eût certainement gagnée encore si l'artiste avait pu la terminer, a des qualités incontestables sous le rappert du dessin et de la composition.

M. **Van Schendel**, de Bruxelles, a envoyé un tableau qui retrace une épisode de l'histoire hollandaise, en 1573. Lorsque Bréda retomba au pouvoir des Espagnols, Steven Van den Berghe, l'un des plus notables habitants, et auparavant fonctionnaire de la République batave, avait accepté néanmoins un emploi du nouveau pouvoir. Il n'avait qu'une fille qui se nommait Anna. Un jeune Espagnol en était devenu amoureux, mais sans pouvoir lui faire partager ses sentiments : la demande de sa main, qu'il avait faite à plusieurs reprises, avait toujours été rejetée. Il résolut de s'en venger. Un jour il lui apporte une lettre en la priant d'en prendre connaissance. La jeune personne vient la donner à lire à son père. Cet écrit n'était rien moins qu'un projet de complot pour livrer la ville aux Hollandais. *L'étonnement et la stupéfaction du père et de la fille sont au comble.* Le jeune Espagnol s'était rendu immédiatement chez le gouverneur et lui avait déclaré que Van den Berghe voulait livrer la place aux ennemis, que sa fille même participait au complot, et qu'on ne manquerait pas d'en trouver les preuves chez eux. Le père et la fille furent arrêtés ; en effet, l'écrit encore en leur possession, prouvait leur culpabilité. — L'artiste a choisi le moment où le père et la fille prennent connaissance de la lettre du jeune Espagnol, et cette lecture se fait à la clarté d'une chandelle. La stupéfaction est bien peinte sur les traits de ce vieillard et sur ceux de sa fille, jeune et jolie blonde. L'effet de lumière est rendu avec vérité dans ce tableau (2602)

M. **Bohn** est aussi un peintre allemand, mais de l'école de Stuttgardt ; il a obtenu à nos expositions des médailles et la croix de la Légion-d'Honneur. Son tableau (264), *Jeune âme ravie au Ciel*, a bien le cachet allemand, le vague de l'école de Munich. Il est placé un peu trop haut pour qu'il soit possible d'apprécier le mérite du dessin et du modelé.

M. **Legrip** a peint *la Mort de Malfilâtre*, qui, malade, abandonné, mourait de faim à Chaillot, lorsqu'il fut recueilli charitablement par Mme Lanone, tapissière. Mais malgré les soins touchants dont elle l'entoura, le jeune poète normand expira dans ses bras, le 6 mars 1767. Peu d'instants après sa mort, M. d'Alembert, accompagné d'un ami, venait lui offrir un secours de cent écus ; mais ce bienfait arrivait malheureusement trop tard ; ils n'eurent plus qu'à arroser son corps d'eau bénite. C'est le moment choisi par le peintre. Cette scène pourrait être plus émouvante ; d'Alembert, son ami, et la brave femme qui a donné ses soins à Malfilâtre, sont bien peu émus de cette misère et de cette mort. Cependant, cette petite toile (1682) se recommande par le dessin et la couleur.

M. **Robert-Fleury** a peint *Charles-Quint au monastère de Saint-Just*, recevant Ruy-Gomez de Silva, comte de Mélito, que lui envoie Philippe II pour le supplier de quitter la cellule de Saint-Just, et réclamer de lui des conseils dans la complication critique des affaires d'Espagne en 1557. Ce tableau (2291) est un des meilleurs, sinon le meilleur de l'Exposition, tant pour la mise en scène que pour la puissance et l'harmonie du coloris. La tête de Charles-Quint manque d'expression; elle nous a paru trop impassible.

M. **Beaume** a également exposé un joli petit tableau, bien composé, représentant *la Mort de Charles-Quint au couvent de Saint-Just* (141). Les figures sont bien dessinées ; pourtant la tête de Charles-Quint est un peu petite relativement à la taille du corps. *Le Moïse exposé* (140), du même artiste, est d'une couleur agréable, mais d'une exécution *floue*.

M. **Roux** s'est montré vraiment coloriste dans son petit tableau (2346) : *l'Atelier de Rembrandt*, où il a réussi le *clair-obscur* presqu'à l'égal du célèbre maître de l'école flamande. La transparence des tons, la disposition des groupes, la finesse avec laquelle la tête de Rembrandt est touchée, font de cette toile une œuvre très remarquable. Une autre composition de ce peintre, non moins remarquable quoique moins séduisante, représente *Bernard Palissy*, en 1575, posant les bases de la géologie, et donnant le premier la théorie des sources, des dépôts de fossiles, de la génération des minéraux, etc. Non seulement M. Roux est coloriste, mais il est encore dessinateur; les têtes, les mains sont modelées, étudiées avec conscience.

M **Benouville** cherche, comme M. Roux, des sujets attachants; il nous montre *Raphaël apercevant la Fornarina pour la première fois* (167). Cette composition est simple. Raphaël, en passant devant la boutique d'un boulanger, aperçoit sur la porte une femme d'une grande beauté; il s'arrête, la contemple, l'admire; c'était la Fornarina, la belle boulangère. Le mouvement de la pose de Raphaël est vrai, mais celui de la femme est trop arrangé; elle *pose*. Le second tableau de cet artiste a pour titre : *Poussin, sur les bords du Tibre, trouvant la composition de son Moïse sauvé des eaux* (168). Parmi quelques femmes qui viennent laver sur le bords du fleuve, il en est une qui est agenouillée et qui baigne son enfant. C'est là le groupe dont Poussin prend un croquis qu'il traduira plus tard en un chef-d'œuvre. Ces deux toiles se recommandent aussi par la couleur et le dessin.

M. **Cabanel** a représenté *Michel-Ange* dans son

atelier, contemplant sa statue de Moïse, tandis que le pape, sans être aperçu, entre pour visiter les travaux du grand artiste. Cette composition (419) est heureusement conçue ; Michel-Ange absorbe bien toute l'attention. — *Aglaé et Boniface* (421), rêvant aux nouvelles vérités du christianisme, dont la grâce divine pénétrait leur âme, est une œuvre d'une exécution plus sérieuse et d'un sentiment élevé qui rappelle *Saint Augustin et sa mère, Sainte Monique*, de M. Ary Scheffer.

M. Jalabert a choisi pour sujet : *Raphaël travaillant à la madone de Saint-Sixte* (1418).

Du calme virginal le peintre gracieux,

Raphaël, a devant lui une belle romaine et son fils qui posent ; derrière lui, le cardinal Jean de Médicis (Léon X) et Balthazar Castiglione le regardent peindre, et dans le fond du tableau ses élèves préparent un des cartons pour la décoration des chambres du Vatican. Les personnages sont savamment groupés ; les têtes sont finement touchées, ainsi que les étoffes et les accessoires.

M. Gustave Boulanger, pensionnaire à l'école de Rome, a voulu représenter *Jules-César arrivé au Rubicon*, dans son tableau de cinquième année à la villa Médicis. Nous disons *a voulu représenter*, parce que c'est plutôt une étude académique qu'un sujet historique sérieusement traité et consciencieusement rendu. En effet, d'après le récit de Suétone, Jules-César a été obligé de traverser à pied des sentiers étroits qui l'ont mené jusqu'au Rubicon, où il a rejoint ses légions. Là, il s'arrête et réfléchit. S'il passe ce fleuve qui sépare la Gaule cisalpine de l'Italie, il méconnaît les lois de son pays et entre en guerre avec la République. Un incident imprévu va triompher de son irrésolution et faciliter la hardiesse de son entreprise. Mais un homme d'une forme et d'une grandeur extraordinaire qui était assis sur le bord du fleuve, jouant de la flûte, est aperçu des musiciens de l'armée qui se rassemblent autour de lui. Il saisit un clairon, en sonne de toute sa force en s'élançant dans le fleuve qu'il franchit. « Allons, s'écrie César, allons où nous appellent les présages des dieux et l'iniquité de nos ennemis. Le sort en est jeté. » Dans le tableau (336) de M. Boulanger, le joueur de flûte est un chétif berger, et des cohortes de César on n'aperçoit qu'un seul soldat qui fait l'effet d'un domestique humilié de suivre à pied son maître qui est monté sur un vigoureux coursier. Mais, nous l'avons dit, c'est une figure académique et non un tableau que M. Boulanger a envoyé. A ce point de vue, cette toile se recommande par la qualité du dessin et de la couleur.

M. **Duval-le-Camus** expose *la Fuite en Égypte* (888). Cette toile, beaucoup plus grande que celles qu'on connaît déjà de cet artiste, se distingue par la composition et le dessin. Les personnages sont groupés et drapés avec goût ; mais peut-être auraient-ils gagnés encore, si, au lieu d'un rocher, ils avaient pour fond un lointain vague et lumineux.

M. **Landelle** donne, comme *fragment* de tableau, une toile (1551) sur laquelle il a peint *les Anges gardiens* en prière devant l'Enfant-Jésus. Les anges sont jolis et d'un dessin élégant ; l'Enfant-Jésus est peut-être d'un ton un peu trop rose.

M. **Cornu** intitule son tableau : *Invention d'une statue de la Vierge*. Ce titre a piqué notre curiosité, et après avoir cherché vainement sur le tableau une invention quelconque, nous avons recours au livret qui explique ainsi le sujet : « Au XIII⁰ siècle, des bergers du Beaujolais qui menaient paître leurs troupeaux dans un endroit marécageux, les virent un jour se prosterner en terre. Ne pouvant parvenir à les faire bouger de place, ils entrèrent dans les marais, et trouvèrent parmi les roseaux une statue de la Vierge. Le curé du pays, averti de ce miracle, alla processionnellement chercher la statue, et la déposa dans une chapelle de sainte Madeleine située aux environs. Mais le lendemain la statue avait disparue, et comme elle fut retrouvée à la même place que la veille, on desscha le marais, et on y bâtit une chapelle sous l'invocation de Notre-Dame-des-Marais. Dans la suite, cette chapelle fit place à une église qui est aujourd'hui la cathrédale de Villefranche. » Il est possible qu'il y ait quelque invention, mais nous ne voyons dans ce texte que la découverte d'une statue et un miracle. Nous engageons M. Cornu à effacer l'expression inconvenante de : *invention* et d'écrire : *Découverte d'une statue de la Vierge*. Du reste, la composition de ce tableau est bien conçue.

les figures sont savamment dessinées, mais le coloris manque de transparence ; il est un peu noir.

M. Bouguereau a peint à la cire, pour la décoration d'un salon, neuf panneaux sur fond noir, dans le genre des peintures d'Herculanum, et représentant le *Printemps*, *l'Été*, *l'Amour*, *l'Amitié*, *la Fortune*, *la Danse*, *Arion sur cheval marin*, *Bacchante sur une panthère*, *les Quatre heures du jour*.. Ces compositions ont du style et sont gracieuses ; les nus sont d'un dessin correct et les draperies agencées avec goût ; mais ces fonds noirs donnent au coloris quelque chose de dur, de sombre, de triste même, qui nuit à l'effet.

Un autre tableau de cet artiste représente *l'Empereur visitant les inondés de Tarascon* (juin 1856). C'est, après celui de M. Lazerges, le tableau des inondations où l'on rencontre le plus de talent. Mais pour M. Bougereau, comme pour M. Lazerges, le véritable genre qui convient à leurs études, c'est le genre classique, c'est le nu et la draperie.

M. Cartellier a exposé un sujet qu'on ne peut guère traiter sans se souvenir de Jouvenet ; il a peint sur une toile de grande dimension *la Pêche miraculeuse*, lorsque Jésus-Christ apparaît à ses disciples près de la mer de Tibériade (446). Comme son maître, M. Ingres, M. Cartellier n'est pas justement un coloriste, mais les figures sont consciencieusement étudiées et cette conscience a été poussée jusque dans l'exécution des accessoires.

M. **Houry** a fait preuve d'érudition dans son tableau (1375) représentant *les Derniers moments de Marie de Médicis*, reine de France, morte à Cologne, le 3 juillet 1642. Avant qu'un écrivain distingué, M. Eugène Loudun, bibliothécaire à l'Arsenal, n'ait publié le testament de cette reine, on croyait généralement qu'elle était morte dans la misère. M. Houry a repoussé cette erreur accréditée par plus d'un historien; il fait mourir Marie de Médicis entourée de gens de Cour et dans un salon somptueusement meublé. Le moment choisi par l'artiste est celui où le cardinal Fabio Chigi demande à cette reine, qu'il vient de confesser, si elle pardonne à tous ses ennemis et particulièrement à Richelieu. « De bon cœur, dit-elle. » — « Madame, ajoute le cardinal, pour l'en convaincre, voudriez-vous lui envoyer le bracelet que vous avez au bras ? » — « Oh ! c'est par trop ! s'écrie la mourante. » Cette réponse se comprend aisément au geste énergique de Marie de Médicis. Les personnages secondaires sont sagement sacrifiés aux deux principaux, lesquels sont largement peints.

M. **Jeanron** a, comme M. Baudry, cherché à imiter les tons d'une vieille peinture dans son tableau (1432) de *Raphaël et la Fornarina*. Plus d'un artiste avant MM. Baudry et Jeanron se sont laissés aller à singer les tons vieillis, crasseux et enfumés des anciennes toiles des grands maîtres, comme si le mérite de ces chefs-d'œuvre consistait dans la crasse qui les couvre et dans l'altération de leur fraîcheur et de leur beauté primitives :

O fureur de singer, déplorable manie,
Lèpre de notre siècle et fléau du génie,
Quand donc cesseras-tu de vouloir t'emparer
Des traits des demi-dieux pour les défigurer ?
Titien, Raphaël, Guide, Corrège, Albane,
Vous qui sortant du rang d'un vulgaire profane,
Sûtes sanctifier au printemps de vos jours,
Les amours par les arts, les arts par les amours,
Dites ! quand vous cherchiez à rendre avec justesse
Les contours d'une femme et leur délicatesse,
Lorsque votre palette, épuisant ses trésors,
Les revêtait de vie et leur créait un corps,
Aviez-vous d'autre but, sinon que la peinture
Jusqu'à l'illusion pût feindre la nature,
Décevoir Atropos, et propice aux amants,
De l'absence pour eux amortir les tourments ?
Ah ! cent fois au milieu de ces nuits dévorantes
Où le sang s'épaissit dans les veines brûlantes,
Où le cœur affamé d'amour, de volupté,
Frémit comme un volcan par la lave agitée,
Vous aurez, comme moi, de baisers frénétiques,
Accablé d'un portrait les appas fantastiques,
Et, fougueux Ixion, déchaînant vos désirs,
De la réalité savoure les plaisirs.

Espérons donc que M. Jeanron voudra rester lui, et que, malgré l'engouement de quelques niais pour les toiles enfumées, les tons jaunis et noircis, cet artiste reviendra à copier la nature, à la fraîcheur ordinaire de son coloris, laissant au temps et à la mauvaise préparation des toiles et des couleurs la mission de détruire le charme de sa palette. Avant de quitter le tableau de *Raphaël et de la Fornarina*, disons que le tors de cette femme est fort beau de contours et de modelé.

M. **Mussini** a tiré son sujet des *Martyrs* de Châteaubriand. Cymadocée, jeune prêtresse des Muses, s'étant égarée dans une forêt en revenant des sacrifices solennels du temple de Diane, en Messinie, rencontre un jeune chasseur (le chrétien Eudore) qui lui offre de la reconduire chez son père, Démodocus. Le langage austère d'Eudore, parlant d'un Dieu unique créateur de toutes choses, étonne la jeune payenne. Cymadocée commençait à sentir une vive frayeur, qu'elle n'osait, toutefois, laisser paraître. Son étonnement n'eut plus de bornes lorsqu'elle vit son guide s'incliner devant un esclave délaissé qu'ils trouvèrent au bord d'un chemin, l'appeler son frère, lui donner son manteau pour couvrir sa nudité. « Étranger, dit la fille de Démodocus, tu as cru sans doute que cet esclave était quelque dieu caché sous la figure d'un mendiant pour éprouver le cœur des mortels? » — « Non, répondit Eudore, j'ai cru que c'était un homme. » Ce tableau (1988) est d'une exécution large et vigoureuse ; le sujet, bien interprété, s'explique naturellement. Mais la pose de l'esclave est peu gracieuse et le ton de sa carnation un peu trop bistré.

M. **Coomans** a envoyé de Bruxelles une grande toile qui ne manque pas d'une certaine verve dans la composition et dans l'exécution ; malheureusement ces qualités pèchent par l'excès. *L'Orgie des Philistins dans le temple de Dragon* (583), est une confusion inextricable, un pêle-mêle de draperies ondoyantes, de coupes et de vases d'or, de femmes blanches et noires, où l'œil a peine à discerner les objets. C'est avec peine qu'on arrive à découvrir dans le fond du tableau Samson qui ébranle les colonnes qui soutiennent les voûtes du palais pour ensevelir sous ses débris cette réunion de débauchés.

M. **Mazerolle** a exposé une grande peinture représentant : *Chilpéric et Frédégonde devant le cadavre de Galsuinthe.* Cette composition est trop arrangée, trop théâtrale. Le tors de Galsuinthe est bien peint, bien dessiné, mais le ton général du tableau est noir et lourd.

M. **Rigo** compte six tableaux à l'Exposition. Celui qui attire surtout l'attention reproduit une scène de la guerre de Crimée : *Les chirurgiens français pansant des blessés russes à la bataille d'Inkermann.* « On a vu des blessés russes tellement attendris des soins qu'on leur prodiguait, dit le rapport du général en chef, qu'ils baisaient les mains ensanglantées du chirurgien qui les pansait. » Cette composition (2276) est simple et attachante ; les figures, grandes comme nature, sont bien dessinées et bien peintes. Nous préférons cette toile à celle du même artiste et de petite dimension, intitulée : *Dévouement héroïque de M. Richaud, maire de Versailles.*

M. **Aiffre**, qui s'est fait connaître dans les arts par plusieurs peintures religieuses et par un beau portrait de M. Affre, a exposé un seul tableau :

Jésus et les Petits enfants. Ce groupe est dessiné correctement ; la couleur a de la fraîcheur, de la finesse ; les enfants sont jolis.

M. **Timbal** a deux tableaux : *Saint Jean l'évangéliste prêchant à Éphèse* (2538), et *la Vierge au pied de la croix* (2539). Ce dernier, de grande dimension, est largement peint ; la Vierge est d'un sentiment vrai et expressif.

M. **Doré**, par une faveur toute spéciale, vient de faire admettre à l'Exposition son tableau représentant *la Bataille d'Inkermann.* Ce sujet convenait parfaitement au génie de M. Doré. C'est bien là une mêlée, c'est bien ainsi qu'a dû se passer ce terrible combat où l'armée anglaise allait se trouver anéantie sans l'arrivée des Français. Quelle boucherie! comme ces soldats russes s'en donnent! comme ils abîment ces grands gaillards de soldats anglais qui se font bravement tuer! Mais aussi quelle est leur joie en voyant accourir, au pas gymnastique, ces petits Français qui vont les sauver d'une défaite complète! Comme déjà l'affaire prend une autre tournure là où les zouaves et les chasseurs sont parvenus! Dam! c'est que ces troupiers là n'ont rien de gauche et de gêné dans leurs mouvements, c'est qu'ils taillent en plein drap et savent faire une trouée. Quoique placé un peu haut, ce tableau est si vigoureusement peint qu'on peut en saisir tous les détails, et apprécier tout à la fois le mérite du peintre et du dessinateur.

Nous nous apercevons que nous avons dépassé les limites assignées à ce chapitre. Cependant nous ne pouvons nous empêcher de signaler encore quelques peintures historiques que nous regrettons ne pouvoir analyser : — *L'Annonciation* (1748), par M. Leveau ; — *Jésus chassant les vendeurs du temple* (2309), par M. Romagny ; — *Michel-Ange à la chapelle Sixtine* (111), par M. Barrias ; — *Sainte Geneviève* (2514), par M. Ternante ; — *Combat des Trente* (2102), par M. Penguilly ; — *La Chute des anges rebelles* (1515), par M. Lafond ; — *L'Entrée dans Paris des troupes revenant de Crimée* (1256), par M. Guet ; — *Les Douceurs de la paix* (1453), par feu Jourdy ; — *La Justice humaine et la Miséricorde divine* (2307), par M. Roger ; — *Le Retour à Paris des troupes de l'armée de Crimée* (1849), par M. Massé ; — *La Vierge et Saint Jean* (693), par M. Dauphin ; — *Le Christ à la colonne* (2485), par M. Starck ; — *Le Christ consolateur des affligés* (1664), par M. Lefébure ; — *Jésus apaisant la tempête* (846), par M. Dupuis-Colson ; — *Un trait de la jeunesse de Napoléon III* (1584), et *l'Empereur visitant les inondés de Tarascon*, par M. Lassalle ; — *Samson et Dalila* (1921), par M. Meynier ; — *Bacchante désarmant l'Amour* (234), par M. Blanc ; — *Le Triomphe d'Amphitrite* (1665), par M. Lefebvre ; — *Psyché abandonnée par l'Amour* (813), par M. Dubois ; — *Baptême de Clovis* (230), par M. Bin ; — *La Barque de Caron* (963), par M. Feyen-Perrin ; — *Christophe Colomb* (699), par M. Debon ; — *La Vierge au métier* (1809), par M. Maison ; — *Tous les saints*

protecteurs de la ville d'Astafort (831), par M. Du-
long ; — *La Foi, l'Espérance et la Charité* (1840),
par Madame Marsand ; — *Incendie des drapeaux
dans la cour d'honneur de l'hôtel des Invalides*
(30 mars 1814), par M. Defrenne, etc.

III.

TABLEAUX DE GENRE.

Nous avons, dans le précédent chapitre, examiné et cité cent et quelques tableaux traitant l'histoire ancienne et moderne, religieuse et mythologique, symbolique et allégorique. Aujourd'hui nous abordons des compositions moins sérieuses, moins difficiles. Mais si le tableau de genre exige moins de style dans la forme, moins d'élévation dans la pensée, il demande plus de vérité, plus de sentiment, plus de finesse d'observation ; aussi est-ce le genre le plus goûté de la majorité du public qui visite les expositions des beaux-arts.

M. **Gérôme**, qui avait une si grande toile à l'Exposition universelle, n'a, au Salon de cette année, que des tableaux de chevalet ; mais l'un d'eux fait révolution, et suffirait au succès d'une exposition. Et cependant, le sujet est bien simple ; il est intitulé : *Sortie du bal masqué* (1159). Deux jeunes gens, l'un sous le masque du pierrot, l'autre sous celui d'arlequin, se sont pris de querelle, sans doute pour une futilité. Ils se sont rendus dans une avenue du Bois de Boulogne où, à la pâle clarté du crépuscule du matin, ils se sont battus au fleuret, et le pierrot, touché en pleine poitrine, tombe mortellement blessé dans les bras de ses témoins, également déguisés, qui l'étendent sur le sol couvert de neige et examinent avec inquiétude l'état de la blessure. L'arlequin, entraîné par son témoin, rejoint un fiacre qui attend et que l'on aperçoit à travers le brouillard. Dire l'impression que produit cette scène si simple, si vraie, serait impossible. Il faut voir ce tableau où l'artiste a mis tout son talent de peintre et de dessinateur.

La Prière chez un chef Arnaute (1158) du même peintre, est d'un caractère plus grave, plus solennel et pourtant d'une grande simplicité. Des vieillards, des jeunes gens, des enfants sont rangés sur une même ligne, debout sur une natte, ayant devant eux leurs babouches qu'ils ont quittées ; ils tiennent les bras levés et prient. Il faut le talent de M. Gérôme pour savoir intéresser à si peu de frais ; mais tout est si vrai, tout est si bien rendu, qu'on aime à s'arrêter devant cette petite toile comme devant celles, non moins bien peintes, qu'il a encore exposées : *les Recrues égyptiennes traversant le désert* (1157) et *Pifferari* (1163).

M. **Horace Vernet** a aussi un petit tableau qui impressionne beaucoup, mais d'une manière touchante : c'est *le Zouave trappiste* (2624). Un zouave couvert de la robe de trappiste, la tête nue et rasée, est agenouillé près d'une croix placée sur une fosse nouvellement fermée ; il incline son front à peine cicatrisé et prie dans le plus profond recueillement, tandis qu'au loin, appuyé sur la barrière de l'entrée du cimetière, un frère d'armes, un zouave, le considère avec attendrissement. Cette petite scène si bien peinte n'est pas de l'invention de M. Horace Vernet ; c'est un fait historique qu'on racontait ainsi : « Il y a quelques années, un soldat se présenta au supérieur de la maison des trappistes de Staouéli. Il déclara qu'il faisait partie d'un régiment de zouaves, et qu'il avait, depuis trois jours, droit à son congé. Il ajouta qu'ayant été grièvement blessé à la tête dans une affaire meurtrière, il s'était trouvé, pendant plusieurs jours, entre la vie et la mort, et que, dans cette extrémité, il avait fait vœu, s'il revenait à la santé, de se consacrer désormais à Dieu. Le supérieur le reçut avec bonté, l'engagea à repasser dans quelques jours, et prit sur lui, auprès de ses chefs, les renseignements les plus circonstanciés et excellents à tous égards. Le zouave revint à jour dit ; le supérieur l'interrogea longuement, lui demanda s'il avait une vocation bien réelle, s'il était prêt à souffrir toutes les privations, résigné à subir, sans se plaindre, toutes les épreuves, même les plus cruelles, n'ayant de confiance qu'en Dieu pour le juger. Le soldat répondit affirmativement.

» Le lendemain matin, le supérieur rassembla toute la communauté dans la chapelle, et adressa ces paroles aux religieux réunis : « Frères, un nouveau venu nous demande à entrer parmi nous. C'est un soldat indigne de ce nom ; il a toujours été noté pour sa mauvaise conduite et son manque de courage. Il sollicite dans cette maison un asile où il puisse réparer au sein de Dieu les erreurs de sa vie. Que chacun de vous réfléchisse, et que demain, à pareille heure, il nous fasse connaître le résultat de ses méditations. »

» Pendant ce discours, l'étranger, agenouillé sur les dalles de la chapelle, priait Dieu avec ferveur. Quelques larmes, qu'il ne pouvait retenir, s'échappaient de ses yeux, et il passait, comme par un mouvement convulsif et involontaire, la main droite sur une large plaie, à peine cicatrisée, qu'on voyait à son front. Il resta en prières pendant la journée et une partie de la nuit. Lorsque le jour parut, les religieux se réunirent de nouveau dans la chapelle. Le supérieur, comme la veille, prit la parole et leur adressa l'allocution suivante : « Mes frères, vous avez devant vous non seulement le plus brave, le plus digne des soldats, portant au front une noble cicatrice, mais encore le plus résigné, le plus humble, le plus vertueux des chrétiens. Hier, pour le soumettre à une dure épreuve, la plus injuste des accusations a été portée contre lui ; il a tout souffert, tout enduré, mettant sa confiance en Dieu seul, et attendant de lui une réparation méritée. Il vous a donné ainsi, dès le premier jour de sa présence parmi nous, un exemple unique des grandes vertus chrétiennes nécessaires à la vie monastique. Désormais, le nouveau frère que le ciel nous envoie marchera à la tête de la communauté pour nous servir d'exemple. »

» Le zouave trappiste vécut quatre années encore,

pendant lesquelles il édifia la communauté par sa piété profonde. Un jour, la plaie qu'il avait à la tête se rouvrit, et au bout de quelque temps il vit la mort s'approcher de lui avec le même courage qu'il avait mis autrefois à la braver sur les champs de bataille. »

M. Horace Vernet fait en ce moment, comme pendant au *Zouave trappiste* de l'exposition actuelle, le zouave à la chapelle, s'entendant accuser de lâcheté par le supérieur en présence de la communauté rassemblée.

M. **Glaize** est un esprit satyrique et philosophique ; toutes ses compositions portent en elles un enseignement. Dans son tableau intitulé : *les Amours à l'encan* (1203), il nous montre l'espèce humaine sous ses différents types, à tous les âges et de tous rangs, achetant des amours à la criée. M. Glaize est un agréable coloriste ; les amours sont charmants et quelques-unes des jeunes femmes sont fort jolies. — Le second tableau de cet artiste a pour titre : *Devant la porte d'un changeur* (1203). Ici, ce ne sont plus des personnages de l'antiquité qui sont en scène ; ce sont de pauvres gens, une malheureuse mère et ses enfants en guenilles, grelottant de froid, qui, le soir, regarde avec convoitise, à travers la vitrine éclairée d'un changeur, un étranger qui offre du papier pour de l'or. Cette scène, qui se présente chaque jour sous nos pas dans les rues de Paris, a été rendue avec une grande vérité par M. Glaize.

M. **Hamon** a exposé une série de charmantes et naïves compositions ; ce sont : *Ricochet : enseignement mutuel* (1294) ; — *Boutique à quatre sous* (1295) ; — *Papillon enchaîné* (1296) ; — *Cantharide esclave* (1297) ; — *Saison des Papillons* (1298) ; — *Jeune Fille arrosant des fleurs* (1299) ; — *Femme aux bouquets* (1300) ; — *Dévideuses* (1301). Toutes ces petites figures sont ravissantes de naïveté, de finesse de dessin et de coloris ; mais partout c'est la même tête, tête de convention qui, par ce motif, manque de caractère et d'originalité. M. Hamon ignore-t-il que le public se lasse des meilleures choses, et que, cette année, en revoyant encore sa petite fille des expositions précédentes, il s'est écrié : « Encore ! » Nous reconnaissons assez de talent à M. Hamon pour être convaincu qu'il saura trouver une variante même dans le néo-grec, en admettant qu'il ne puisse quitter ce genre.

M. **Jobbé-Duval**, pour peindre son tableau : *le Rêve*, effet de brume, s'est inspiré de ces deux vers d'André Chénier :

« De légères beautés, troupe agile et dansante,
« Tu sais, tu sais, ma mère, aux bords de l'Erymanthe. »

Cette composition est gracieuse, poétique ; la couleur est suave, les tors de femmes sont bien dessinés et largement touchés. C'est de la grande peinture dans un petit cadre.

M. **Meissonnier** semble vouloir grandir ses toiles, tandis que ses singes, ses imitateurs, s'ingénuent à faire de la peinture microscopique. Plusieurs des huit tableaux exposés ont une dimension plus grande que celle des toiles ordinaires de ce peintre et n'en réunissent pas moins toutes les qualités de ce maître : pureté de dessin, esprit d'observation, vérité des détails, finesse d'exécution, transparence et vigueur de coloris. *La Confidence* (1883), le plus grand des huit, est un véritable chef-d'œuvre de sentiment et d'exécution. *Le Peintre* (1884), est une peinture d'un effet de lumière on ne peut plus riche de tous, de même que l'*Amateur de tableaux chez un peintre* (1887), *l'Attente* (1886), *Un Homme à la fenêtre* (1888) et le *Portrait d'Alexandre Batta* (1890). Quant aux deux tableaux : *Un Homme en armure* (1885) et *Jeune Homme du temps de la Régence* (1889), ce sont deux figures d'étude peintes avec toute la délicatesse de pinceau que M. Meissonnier possède seul.

M. Chevet est un des imitateurs de M. Meissonnier qui en approche le plus ; mais son coloris est froid et sa touche est sèche à force de vouloir être fine. Ses quatre tableaux sont encore plus petits que ceux du peintre précédent ; ce sont de vraies miniatures. Celui qui représente la vue intérieure d'*Un Estaminet en* 1857 (502) offrait de grandes difficultés d'exécution heureusement surmontées. Cependant, nous lui préférons, ainsi qu'à *la Partie de dominos* (504), *le jeune Homme lisant* (505) et *l'Étude* (503), d'un modelé plus large et d'une couleur plus vraie, plus solide.

M. Bellangé a rendu, avec le sentiment simple

de la vérité, une scène touchante qu'il intitule : *Dernières volontés* (147). C'est un officier des zouaves qui est blessé mortellement et qui remet sa croix à un de ses soldats qui reçoit ses adieux et ses dernières instructions pendant que le combat continue autour d'eux. Ces deux types militaires sont peints de main de maître.

M. **Benouville**, dont nous avons déjà parlé, a traduit, avec un sentiment délicat, la touchante fable des *Deux Pigeons* (166) de La Fontaine. C'est le meilleur tableau de cet artiste, qui y a mis une verve et une puissance de couleur qu'on ne retrouve pas dans ses autres peintures.

M. **Noël-Duveau** est aussi un peintre de sentiment et de verve dans son tableau : *Le Viatique* (891). Malgré une tempête affreuse, malgré la pluie qui tombe à torrent, un prêtre breton, revêtu du surplis et de l'étole, a pris le ciboire, et va, par des chemins impraticables, porter le viatique à un mourant. Deux jeunes paysans le précèdent portant les fanaux, et le sacristain agite la sonnette. Derrière le prêtre, des femmes suivent éplorées, et tous pressent la marche en priant pour l'agonisant. Cette composition est empreinte d'un caractère religieux qui impressionne et attache. Ce tableau est un de ceux qui auront le plus de succès; nous le préférons au *Droit de passage* (892) du même peintre.

M. **Willems** tient à l'école flamande par la finesse qu'il met dans les détails de ses petites compositions et surtout par le soin qu'il apporte à l'imitation des étoffes. Ces qualités sont plus saisissantes dans *les Adieux* (2693), *le Choix de la Nuance* (2692), que dans ses deux autres tableaux : *La Visite* (2690), et *J'y étais!* (2691).

M. **Knaus**, de l'école de Dusseldorf, est un coloriste des plus remarquables. Son *Convoi funèbre* (1440), est ravissant de couleur et de vérité comme sentiment et comme dessin. Mais c'est dans *les Petits Fourrageurs* (1481), que ce peintre a prodigué les richesses de sa palette.

M. **Biard**, que nous avons cité aux peintures historiques, a envoyé six de ses plus spirituelles charges : *Le Mal de Mer, au bal, à bord d'une corvette anglaise* (212), *Arrivée en France* (213), *Arrivée en Angleterre* (214), *Fête villageoise* (215), *les Buveurs d'eau* (216), et *la Saisie mobilière* (217). *Le Mal de Mer, au bal*, est une scène à faire pamer de rire, et comme M. Biard sait seul les peindre. *L'Arrivée en Angleterre* est aussi une composition très plaisante ; mais c'est dans la *Fête villageoise* que l'artiste a accumulé charge sur charge, et les types les plus drôles.

M. **Breton** a exposé une des bonnes toiles du Salon : *la Bénédiction des blés en Artois* (381). C'est une procession religieuse à travers des champs de blés magnifiques. Cette composition semble avoir été saisie par le daguerréotype, tant elle est simple et vraie. Bien que l'effet de lumière soit très vigoureux, les ombres portées ont de la transparence, et contribuent à l'harmonie générale de la couleur au lieu d'y nuire, comme cela a lieu lorsque les ombres d'un tableau sont d'un ton lourd et noir.

M. **Hébert** nous représente *les Fienarolles de San-Angelo vendant du foin à l'entrée de la ville de San-Germano* (1317). Cette petite toile est d'un effet charmant, et, pour quiconque connaît l'Italie, elle a surtout le charme de la couleur locale. Nous voudrions pourtant un dessin plus accusé, plus arrêté, et plus de fermeté dans l'exécution qui est généralement floue.

M. **Hillemacher** n'a pas ce défaut dans *les Écoliers de Salamanque* (1355), lisant sur une pierre tumulaire ces paroles castillanes : « Ici est renfermée l'âme du licencié Pierre Garcias. » Le plus jeune des écoliers, vif et étourdi, rit bien de cette épitaphe, tandis que son compagnon, plus judicieux, reste agenouillé et réfléchi. Cette composition est largement peinte et les figures bien dessinées.

M. **Lacoste** traduit avec intelligence cet *Épisode du dernier des Mohicans* (1495). « La timide et blonde Alice et l'intrépide Cora, escortées par le major Hedwart Duncan et David la Gamme. professeur de chant religieux des recrues, vont rejoindre leur père, le colonel Munco. Égarés à dessein par leur guide, l'Indien Magna, qui cherchait à les livrer aux Mingos, les voyageurs rencontrent heureusement l'éclaireur anglais, la Longue-Carabine, et les deux Mohicans, Chingachgook et son fils Uncas, qui se dévouent pour les soustraire à la fureur de leurs féroces et sauvages ennemis, les Peaux-Rouges. Dans une situation des plus critiques, au milieu des forêts impénétrables, les fugitifs, poursuivis avec acharnement, s'embarquent à la hâte dans un canot que le courageux éclaireur dirige à travers des rapides dangereux, vers une grotte qui leur servira de refuge. » — Les sentiments divers qui animent tous les personnages groupés dans cette barque, sont bien exprimés et n'ont rien d'exagérés. Les types sont jolis et vrais.

M. **Landelle** a deux charmants petits tableaux : *la Messe à Béast* (1549), et *les Vaneuses de Béast* (Basses-Pyrénées). Ce dernier est d'une couleur délicieuse ; la vaneuse est jolie et gracieuse. Le premier se distingue par une grande naïveté et une grande finesse de dessin. Deux autres jolies petites toiles de cet artiste appartiennent à M. A. Fould ; ce sont : *Une Jeune Fille finlandaise* (1554) et *Une Femme arménienne* (1555).

M. **Roehn,** peintre gracieux et spirituel dont nous avons eu souvent à louer les œuvres qui on figuré à nos Expositions, nous offre, cette année, trois compositions : *l'Amateur de tableaux* (2299), *l'Apprenti magister* (2300), *l'Apprenti ménétrier* (2301). Les deux dernières sont fort piquantes ; elles sont peintes avec le fini que M. Roehn met dans ses ouvrages.

Citons encore quelques-uns des tableaux de genres les plus recommandables : *La jolie Bouquetière*, par M. BLÈS ; — *le Grand-Père et le Bouquet de la moisson*, par M. Armand LELEUX ; — *Une Scène de don Quichotte*, par M. NANTEUIL ; — *Une Matinée dans la chambre bleue de la marquise de Rambouillet*, par M. LEMAN ; — *le Concert*, par M. COROT ; — *Manon Lescaut*, par M. DUVAL-LE-CAMUS ; — *les Quatre coins*, par M. COMPTE-CALIX ; — *Un Prisonnier et l'impitoyable consigne*, par M. GENOD ; — *Une Visite*, par M. DEVERGER ; — *le Pèlerinage*, par M. LUMINAIS ; — *Une Devineresse*, par M. MONTESSUY ; — *le Fumeur* et *la Liseuse*, par M. VETTER, et *Un Sauve-qui-peut*, par M. HARPIGNIES.

IV.

PORTRAITS.

Des divers genres de la peinture, le portrait est le moins avantageux pour l'artiste et le moins favorablement goûté du public. N'entendons-nous pas, à chacune de nos Expositions, se récrier contre le nombre de portraits admis, et, s'il en croyait certaines personnes, le jury ne devrait en admettre aucun. On oublie qu'une Exposition des Beaux-Arts n'est pas justement instituée pour l'agrément et la distraction des visiteurs, qu'elle l'est, au contraire, pour stimuler le progrès dans toutes les branches de l'art, et pour encourager les artistes en récompensant leurs efforts. On oublie surtout que la majeure partie des artistes peintres ne trouve les moyens d'existence qu'en faisant des portraits, et que le bourgeois tient éminemment à voir son image admise à l'Exposition ; d'abord, parce que ça flatte sa vanité ; ensuite, parce qu'il y a là une garantie du mérite de l'œuvre qu'il aurait refusée si le jury l'avait repoussée. Du reste, nous ne savons si cela tient à la disposition du local ou au discernement avec lequel les portraits sont disséminés et placés, mais, quoique le chiffre en soit très élevé cette année, ils paraissent cependant moins nombreux qu'aux précédentes exhibitions.

M. Horace Vernet, le peintre par excellence du portrait historique, l'auteur des plus beaux portraits du Musée national de Versailles, a exposé trois portraits. *Le Portrait équestre de S. M. l'Empereur Napoléon III* est si parfait qu'on peut dire que c'est un trompe l'œil. Ce beau cheval blanc sort vraiment du cadre ; le cavalier est à l'aise, bien assis ; le bras droit en raccourci est admirablement bien dessiné, et la tête est le portrait le plus ressemblant et le mieux peint qu'on ait fait de l'Empereur. La forme ronde du cadre imposée comportait des difficultés que l'artiste a surmontées complément. Le mérite de ce portrait, destiné à la salle du Trône à l'Hôtel-de-Ville, ne le cède en rien aux admirables portraits de Charles X et du duc d'Orléans que ce maître a peints il y a plus de trente ans.

Le *Portrait en pied de S. E. M. le maréchal Bos-*

quet (2622) est une peinture plus sévère. Le maréchal est représenté au camp de Sébastopol ; il est couvert de boue, enveloppé d'une pelisse fourrée et appuyé sur un canon dont la gueule a été déchirée par un boulet ennemi. Le type martial, énergique, du maréchal Bosquet est bien rendu, largement touché comme le reste du tableau. — M. Vernet a été moins heureux dans le *Portrait en pied de S. E. M. le maréchal Canrobert* (2625). C'est un portrait entièrement manqué et auquel il faudrait changer le fond. Au surplus, l'artiste a été le premier à le reconnaître, puisqu'à l'heure qu'il est il l'a retiré du cadre pour y faire les changements nécessaires.

M. **Winterhalter** est le plus séduisant des peintres de portraits, celui qui a obtenu les plus brillants succès à nos expositions. Il n'a que deux portraits au Salon actuel. Le *Portrait en pied de S. M. l'Impératrice, tenant sur ses genoux le Prince impérial* (2695), diffère un peu de la manière de ce maître; la couleur a moins d'éclat, sans doute à cause de la nature de vêtement de l'Impératrice qui porte une robe de velours grenat garnie de fourrure. Mais on retrouve tout le charme de son coloris dans le *Portrait de Madame Ducos* (2696), blonde d'une jolie carnation; la main droite est finement modelée, mais la main gauche est moins bien dessinée.

M. **Dubufe fils**, l'auteur du *Congrès de Paris*, est également un séduisant peintre de portraits auquel s'adressent avec raison toutes les jolies femmes, comme nous le prouvent les six portraits que nous avons sous les yeux : *Portrait de madame Rouher* (320), *Portrait de mademoiselle Rosa Bonheur* (321), *Portrait de madame C. V.* (822), *Portrait de madame la baronne H. C.* (823), *Portrait de madame la marquise d'A...* (824), et *Portrait de ma lame la marquise de B.* (825). — Le portrait de madame Rouher est le plus complet ; l'effet en est délicieux. Celui de mademoiselle Rosa Bonheur est touché plus hardiment. La célebre artiste, qui n'a rien exposé cette année, est représentée un bras appuyé sur le col d'un superbe taureau, et tenant, de l'autre, son carton et ses crayons. Un autre charmant portrait est celui de madame la baronne H. C., peint dans le clair-obscur avec beaucoup de talent.

M. **Court** n'est plus qu'un peintre de portraits ; il a renoncé depuis longtemps à la peinture d'histoire. Cet artiste n'aura produit dans toute sa carrière qu'une seule page historique, mais elle est magnifique : C'est *la Mort de César*. Depuis, ayant échoué dans tous les sujets qu'il a voulu traiter, il s'est adonné avec assez de succès au portrait. Il en a envoyé dix, parmi lesquel figure celui de *S. E. M. le maréchal Pélissier, duc de Malakoff*. A l'égard de ce portrait, notre embarras est grand ; car nous apercevons à deux pas un autre portrait du duc de Malakoff par M. Rodakowski, admis par une faveur rare, puisqu'il est tout nouvellement placé et ne figure pas au livret. Or, le duc de Malakoff de M. Court est d'une nature forte, mais sans ce que

5.

nous appelons des défauts d'ensemble, c'est-à-dire que les diverses parties du corps sont en harmonie, tandis que le duc de Malakoff de M. Rodakowski a le tors long et les jambes courtes ; puis, les deux têtes ont bien un air de famille, mais ne sont pas identiques. Quel est celui des deux portraits qui est le bon, nous voulons dire le plus ressemblant, car, comme peinture, ni l'un ni l'autre ne sont bons?... C'est à ceux qui ont l'honneur de connaître le maréchal Pélissier à se prononcer entre ces deux ouvrages.

Nous préférons de M. Court le *Portrait de M. le général marquis de Chasseloup-Laubat* (632) ; le coloris y a plus d'harmonie ; il est moins froid, moins lourd, moins noir ; le dessin moins sec, moins découpé. Si M. Court marchait dans cette voie, ses portraits auraient un succès assuré.

M. **Yvon** a deux portraits qui rappellent, par la couleur et l'exécution, les belles toiles de Rigault. Ces portraits, largement peints et très ressemblants, sont ceux de *M. et de Madame Mélingue* (2709 et 2710).

M. **Larivière** est coloriste. Des quatre portraits qu'il a exposés, deux seulement nous occuperont : ce sont ceux de *S. E. M. l'amiral de Perseval-Deschênes* (1574), et de *S. E. M. le maréchal Baraguey-d'Hilliers* (1565). Tous deux sont bien posés, bien dessinés ; mais le dernier est d'une plus jolie couleur.

M. **Flandrin** n'a que deux portraits ; l'un de femme, *Madame L.* (978) ; l'autre de *M. F. de P.* (979). Ce dernier est supérieur au premier, et comme dessin et comme couleur ; il est modelé avec toute la vérité et la finesse du talent de M. Flandrin. Mais nous sommes moins content du portrait de femme ; le raccourci du bras droit est tout à fait manqué, et le fond bleu, sur lequel se détache la tête, nuit à l'harmonie des tons du tableau.

M. **Abel de Pujol** se montre plus coloriste que son confrère de l'Institut dont nous venons de parler. Il a un seul portrait : *Le Portrait en pied de M. R. A. de P.* (2). La tête et les mains sont peintes de main de maître.

M. **Heuss**, peintre allemand, a une couleur terne et noire, sans chaleur, sans transparence ; son exécution manque de fermeté et d'assurance ; elle est petite est tâtonnée. Nous avons bien reconnu son *Portrait de M. le comte Tascher de la Pagerie, grand-maître de la maison de l'Empereur* (1347), mais nous avons trouvé qu'il ne l'avait pas flatté.

M. **Jobbé-Duval**, que nous avons déjà cité à la peinture historique, nous offre encore deux peintures : *Le Portrait de mademoiselle A. Luther* (1445), et le *Portrait de mademoiselle A. P.* (1446). Tous deux, charmants de couleur, de finesse et de modelé.

M. **Benouville,** indépendamment de ses sujets

historiques, a exposé aussi deux portraits peints, dont l'un est remarquable par la puissance du coloris. C'est le *Portrait en pied de l'enfant de M....* (170). La tête est fine et expressive.

M. **Landelle**, sur deux portraits peints, en a un qui est extrêmement gracieux; c'est celui de *Madame la vicomtesse de M.* (1555). Ce portrait fait tableau; la jolie vicomtesse y médite sur la lecture qu'elle vient de faire.

M. **Hébert** a également deux portraits; l'un est celui de *Madame la princesse Ch. de B.* (1318), dont la tête est d'un joli dessin et la robe de satin noir parfaitement rendue; l'autre est *le Portrait en pied du fils de M. P.* (1319). Ce petit garçon est bien campé; mais sa pose est un peu prétentieuse, un peu maniérée.

M. **Boutibonne** a peint un beau *Portrait équestre de S. M. l'Impératrice* (366), représentée à cheval dans le parc de Saint-Cloud. L'Impératrice est très ressemblante; sa pose est gracieuse; sa robe amazone en velours violet est d'une grande fraîcheur et d'une grande vérité de ton; le cheval blanc est joli de forme et bien peint. Peut-être le paysage formant fond est-il un peu cru ?

M. **Montpezat** expose aussi, sur une toile de grande dimension, *les Portraits équestres de LL. MM. l'Empereur et l'Impératrice* (1594). Ce qu'il y a de mieux dans ce tableau, ce sont les chevaux. L'Empereur est un peu ressemblant, mais l'Impératrice ne l'est pas du tout ; la tête et les mains sont mal dessinées, mal peintes, et le ton général du tableau, noir et lourd.

M. Giraud (Eugène), l'auteur de ce charmant tableau intitulé : *la Boucle à l'œil* (1190), a exposé quatre portraits; mais les deux pastels devant trouver leur place dans un autre chapitre, nous ne nous arrêterons qu'au *Portrait de S. A. I. le prince Jérôme* (1193), et au *Portrait de S. E. M. l'amiral Hamelin* (1194). Quoique le premier soit peint avec le talent qu'on connaît à M. Giraud, nous lui préférons cependant le dernier, que nous trouvons très joli de couleur et bien modelé.

M. Jalabert a fait un très beau *Portrait en pied de M. le président de Belleyme* (1420). La simplicité de la pose, la sévérité du coloris conviennent parfaitement au caractère grave de ce magistrat, dont la tête, d'un dessin fin et vrai, est d'une grande ressemblance.

M. Bellangé, dans les deux portraits qu'il expose, en a un que personne ne prendrait certainement pour un portrait, mais bien pour un tableau de bataille comme en compose M. Bellangé. Nous voulons parler du *Portrait de M. le vicomte de L...*, *ex-porte-fanion du maréchal de Saint-Arnaud, en Crimée* (148). M. de L... est un jeune et beau militaire représenté sur le premier plan du tableau, à cheval et portant le fanion du maréchal qu'on aperçoit plus loin suivi de son état-major. Dans le fond de ce tableau, l'action est engagée entre les Russes et les Français. La couleur de cette jolie petite toile est brillante et harmonieuse.

M. **Ricard** cherche l'imitation des vieilles peintures ; il n'aime pas la fraîcheur du coloris, et s'il est le peintre des femmes pâles et souffrantes, il ne doit pas être goûté des belles au teint rose, annonçant la santé et la gaîté. A part son système de couleur, qui ne manque ni de solidité, ni d'harmonie, mais qui a le tort d'être la même pour tous les sujets, M. Ricard est un dessinateur distingué, et son *Portrait de femme* (2265) est une œuvre très remarquable.

M. **Weiler** est un peintre allemand, mais il est l'élève de M. Léon Cogniet, ce qui se voit, de reste, au brillant coloris, au dessin correct, à la touche ferme et large du portrait en pied qu'il a exposé, représentant *sir William Forbes dans son costume écossais* (2689).

M. **Toulmouche**, qui a au Salon une charmante petite toile : *Un Baiser* (2553), y compte encore deux portraits, sous les numéros 2554 et 2555 ; ils sont d'une jolie couleur et bien dessinés.

M. **Tissier** s'est montré coloriste dans son *Portrait en pied du général Mayran, tué en Crimée* (2546). Le général est représenté dans la tranchée dont il dirige ou protége les travaux, car, bien qu'il soit assis sur des gabions, il a l'épée à la main, sans doute pour être prêt en cas d'attaque de la part de l'ennemi.

M. **Vibert** promet de devenir un peintre de portrait de premier ordre ; il en a toutes les dispositions. Il est dessinateur et coloriste ; il pose ses modèles avec goût. Le *Portrait de M... et de ses deux petites filles* (2645) est la preuve de ce que nous disons du talent de cet artiste.

M. **Darjou** a exposé un portrait qu'on a malheureusement placé trop haut pour en apprécier tout le mérite. Néanmoins, la pose naturellement gracieuse et l'harmonie du coloris font remarquer le *Portrait de mademoiselle M. D.* (686).

Beaucoup d'autres portraits se font encore remarquer par leur bonne exécution, et entre autres le *Portrait en pied de M. le comte Alexandre Colonna d'Istria*, par M. Pierre COLONNA D'ISTRIA ; — *Un Portrait d'homme* (481), par M. CHAPLIN ; — *Portrait de madame F. B. et de madame E. B.* (112 et 113), par M. BARRIAS ; — un beau *Portrait*, par M. LEGROS (1694) ; — *Portrait de M. de Gascq, président de la cour des comptes* (2146), par M. PHILIPPE ; — *Portrait de madame de Sauley, dame du palais de S. M. l'Impératrice* (2153), par M. PICHON ; — *Portrait de M. Edmond About* (2011), par madame O'CONNELL ; — *Portrait de M. le prince Alexandre Czartoryski* (2297), par M. RODAKOWSKY ; *Portrait de madame F. P.* (2232), par M. QUESNEL ; *Portrait de M. E. Z., lieutenant de vaisseau* (2242), par M. RAVEL, etc.

V.

INTÉRIEURS,
PAYSAGES, ANIMAUX, MARINES.

Si les portraits exposés au Salon n'ont pas le privilége d'intéresser bon nombre de visiteurs incapables d'apprécier le mérite d'une bonne exécution, on peut affirmer qu'il n'en est pas de même à l'égard des paysages, des animaux, des fleurs, enfin de tous les genres secondaires de la peinture, qui sont, par leur nature même, à la portée de toutes les intelligences. Aussi est-il bon de signaler en passant que si, pour la grande peinture, la peinture historique, la distance est énorme entre le mérite des peintres français et celui des artistes du reste de l'Europe, il y a presque égalité de talent entre les artistes de tous les pays pour la peinture d'imitation, pour les portraits, les paysages, les natures-mortes, etc. Ces genres, dans lesquels on est arrivé de nos jours à un haut degré de perfection, sont les plus cultivés, et fournissent généralement la majorité des tableaux qui composent les Expositions. On conçoit donc qu'il nous est impossible de parler de tous ces tableaux qui ont, pour la plupart, des qualités recommandables, et que nous nous arrétions seulement aux œuvres les plus remarquables en chaque genre, les prenant sans méthode, selon qu'ils se présentront à nos regards.

M. **Dauzats**, notre premier peintre d'intérieur, n'a envoyé qu'un seul tableau au Salon: c'est *la Mosquée de Cordoue, entrée du baptistère* (695). Cette vue intérieure est peinte avec une grande netteté de ligne et une couleur à la fois puissante et trasparente. La vue pénètre bien sous les voûtes, à travers les colonnes; l'air circule bien au milieu des groupes savamment distribués dans cette antique mosquée si riche d'architecture et de sculptures mauresques.

M. **Desgoffe** fait du paysage historique, on pourrait dire du rocher historique, puisque ses toiles sont dépourvues de toute verdure et de tout feuillage, à l'exception de celle intitulée: *Le Christ au jardin des oliviers* (730) qui est d'un ton noir et qui manque d'air. Les figures de ce tableau sont d'une exécution plus faible encore que celles de ses autres compositions, *Les fureurs d'Oreste* (731) et *Le Sommeil d'Oreste* (733). Le meilleur des six tableaux exposés par cet artiste, est *l'Ecueil* (732).

M. **Jeanron** sait rendre les rochers avec bien plus de talent que M. Desgoffe. Avec quelle vérité et quel charme de couleur il a peint ceux des *Environs d'Ambleteuse*! (1439).

M. **Paul Flandrin** peut être regardé comme notre premier peintre de paysage historique; il le traite à la manière du Poussin, qu'il imite parfois un peu trop. Dans son tableau *Jésus et la Chana-*

néenne (980), les lignes du paysage sont grandes, la couleur est sévère, le sujet historique bien rendu, les figures bien dessinées et les draperies ont du style. Mais en dehors du paysage classique, la couleur de M. Paul Flandrin manque de chaleur et de transparence ; elle est sèche et sévère.

M. **Français** possède, au contraire, un coloris qui conserve même du charme et de la chaleur lorsqu'il peint *une belle Journée d'hiver* (1052). Ce tableau est pour nous le chef-d'œuvre de ce maître, qui a encore montré la puissance de sa couleur, la richesse de sa palette dans une *Etude de buisson*(1053) et surtout dans cette charmante toile: *Souvenir de la vallée de Montmorency* (1054).

M. **Louis Garneray**, l'un des meilleurs peintres de marine, compte quatre tableaux au Salon; ce sont: *Le Naufrage d'une galiote hollandaise démâtée sur la côte de Norwège (1121)*, — *Vue du canal de Furnes, Belgique (1122)*. — *Pêche d'un flétan dans la mer du Nord (1123)*, et la *Vue du château de Smyrne* (1124). Nous nous sommes surtout arrêté au naufrage de la galiote, où la tempête et la fureur des flots sont rendues avec beaucoup de vérité et de talent.

M. **Courbet** est un artiste de talent, mais d'un talent qui réside plus dans la main qu'au cerveau ; en terme d'atelier, il a de la *pâte*. On prétend que les peintures bizarres qu'il a exposées, il les a faites tout exprès pour attirer l'attention et répandre son nom dans le public. Si c'est un moyen, il a parfaitement réussi; mais ce renom là peu d'artistes le rechercheront, et il est temps que M. Courbet devienne plus correct, plus sérieux. Pour nous, nous n'avons jamais ajouté foi à ces prétendues manœuvres, à ces calculs; nous pensons que cet artiste peint comme il sait, car nous retrouvons toujours et partout dans ses ouvrages les mêmes défauts et les mêmes qualités. Ainsi, son ridicule tableau: *les Demoiselles des bords de la Seine* (620), manque de perspectif et les figures sont laides, plates et sans modelé. Les mêmes défauts de perspective et de dessin se retrouvent dans son meilleur tableau, *la chasse au chevreuil dans les forêts du Grand-Jura; la curée* (621); les chiens y sont beaucoup trop grands pour les deux hommes, dont l'un, celui qui donne du cor, est petit comme un enfant. Mais ce tableau est d'une couleur solide et largement touchée. C'est là la véritable, la seule qualité de M. Courbet. Est-ce assez pour être et surtout pour rester un peintre célèbre? Nous ne le pensons pas. Nous engageons cet artiste à se méfier de la camaraderie qui n'a pas peu contribué à égarer son talent.

M. **Cabat** se montre un peintre aussi habile que conciencieux dans les deux petites toiles qu'il expose: *Les bords de la Seine à Croissy (422)* et *l'Ile de Croissy* (423). Les lontains sont d'une très grande finesse de ton, et le feuillage du premier plan est étudié et rendu avec une conscience rare.

M. F. de Mercey est aussi un paysagiste dont la couleur a du charme. Sa *Vue d'Edimbourg* (1908) est vigoureuse de ton, la perspectif bien sentie; et son *Etude de paysage* (1909) rappelle, par la finesse des détails et la chaleur du coloris, le beau tableau de cet artiste qui fait partie de la galerie du Luxembourg.

M. Ziem n'a que deux tableaux, mais ils sont d'une puissance de ton et d'une harmonie bien rares; peu d'artistes possèdent une palette aussi riche, une exécution aussi franche, aussi facile. La *Place de Saint-Marc, à Venise, pendant l'inondation* (2715), est une peinture d'une grande vigueur et d'une gamme on ne peut plus brillante. Mais c'est dans sa *Vue de Constantinople, à la Corne d'or*, que M. Ziem a réuni tous les trésors de sa couleur, d'un éclat et d'un effet magique.

M. Giraud (Charles), l'un des compagnons de S. A. I. le prince Napoléon dans les mers du Nord, a rapporté une étude faite d'après nature, et d'après laquelle il a peint le tableau exposé représentant *une Pêche aux phoques* (1189). Cette toile est supérieure à l'étude dont nous parlons et que nous avons vue dans les salons du Palais-Royal; les reflets sur lumière sur ces immenses blocs de glace sont ici plus chatoyants, plus brillants, plus nacrés et les figures d'un dessin plus arrêté. *L'Intérieur d'un salon de la princesse Mathilde* (1188) a moins d'éclat. Peint par un temps sombre, l'artiste n'a pu faire étinceler un rayon de soleil sur les riches étoffes, les lustres et les mille objets d'art et d'élégante fantaisie qui ornent ce salon.

M. Daubigny a un succès mérité, surtout par son tableau représentant *la Vallée d'Optevoz* (689); il est admirablement peint et d'une vérité de ton qu'on ne retrouve plus au même degré ni dans son *Soleil couché* (690), ni dans sa *Futaie de peupliers* (691), ni même dans sa belle toile *le Printemps* (688), si remarquable d'exécution.

M. Verlat s'est payé la fantaisie de peindre, sur une toile immense, des chevaux et un tombereau chargé de pavés. Nous n'avons pas à examiner s'il a eu tort, s'il placera ou non un tel tableau ; c'est son affaire et non la nôtre. Ce que nous devons voir, c'est s'il a réussi à bien rendre son *Coup de collier* (2616). Ses gros porcherons, plus grands que nature, sont vigoureusement dessinés ; le mouvement du cheval de trait est bien saisi, il tire à plein collier ; il en est de même du timonier qui est plein d'énergie. Quant au charretier, son mouvement est juste et son type nature. Ce doit être un portrait. Les artistes de bonne foi, qui savent ce qu'il faut de talent pour remplir avec un certain mérite une toile d'aussi grande dimension, rendent justice à l'œuvre de M. Verlat.

M. Rousseau (**Philippe**) est un autre peintre d'animaux d'un talent fin et spirituel qui n'a pas moins de dix tableaux à l'Exposition. *Le Déjeuner* (2336), *Résignation et Impatience* (2331), et surtout *le Rat de ville et le Rat des champs* (2337) sont de charmantes compositions auxquelles nous préférons cependant, comme couleur et comme facture, l'intérieur de cuisine avec gibier et légumes (2329).

M. **Rousseau** (**Léon**) peint les animaux sur une plus grande échelle que le peintre précédent, son parent ou son homonyme. Sa *Nature morte* (2325) est un trophée de chasse groupé avec goût et largement peint ; la couleur est vraie et solide.

M. **Rousseau** (**Théodore**) n'est pas le moins distingué des peintres de ce nom. Paysagistes de réputation, il a envoyé six toiles, parmi lesquelles nous avons principalement remarqué *les Bords de la Loire au printemps* (2338), où le feuillage est peint avec beaucoup de légèreté, où l'eau est d'une grande transparence.

M. **Saint-Jean** est sans rival pour l'imitation des fleurs et des fruits. Quoi de plus joli, de mieux peint que son *Panier de fraises renversé* (2374) ! que ses *Melons et framboises* (2375) ! que *le Bouquet dans les bois* (2377) ! et de plus riche, de plus diaphane de ton que les feuilles du *Raisin en espalier* (2376) qu'un soleil splendide vient dorer !

M. **Ouvrié** (**Justin**), autre excellent coloriste, nous fait voyager sur les bords du Rhin. Voici *Rolandseck et Draekenfels* (2027), *Boppart, près Co-*

blentz (2028), *Tratbach-sur-la-Moselle* (2026), et *l'Entrée de La Haye par le canal de Ryswick* (2029). Ce dernier tableau se distingue essentiellement par l'harmonie du coloris, la finesse des tons de l'eau et des lointains.

Mademoiselle Lescuyer, qui s'est fait un nom comme peintre de chevaux et d'animaux, a exposé deux tableaux : une *Nature morte* (1744) et un paysage historique représentant l'*Enlèvement de Madame de Beauharnais-Miramion* (1743). Cette dame profite d'un passage embarrassé de la forêt pour sauter à bas de son carrosse et échapper à ces ravisseurs, mais elle est bientôt découverte par les cavaliers qui la cherche. Le sujet est rendu avec clarté, les figures sont bien dessinées, le cheval blanc du centre du tableau est peint comme sait les peindre cette artiste d'un talent tout à fait viril et varié, car le paysage est touché avec une habileté qui dénote des connaissances et des études spéciales.

M. Saint-François est un paysagiste qui obtient ses effets sans fracas, sans tapage de couleur ; il impressionne par la vérité, la simplicité, la grandeur des lignes. Ses *Pierres druidiques* (2372), restées debout comme une armée de géants pétrifiés, donnent à ce paysage un aspect des plus imposants. Le ton sévère du coloris et le jeu des ombres savamment ménagé concourent puissamment à l'effet solennel de ce tableau, que nous préférons au souvenir d'Afrique du même artiste : *les Gourbis* (2371).

M. **Portevin**, que nous voyons pour la première fois figurer au livret des Expositions, débute par un effet de lumière très difficile à rendre. C'est un grand salon éclairé seulement par le feu d'une vaste cheminée, telle qu'on en voit à l'hôtel de Cluny. Les habitants du château font cercle autour du foyer et écoutent sans doute le récit de quelque légende. Quoiqu'un peu noir comparativement aux tableaux qui l'entourent, cette toile laisse voir jusqu'aux moindres détails; la tête du châtelain, celle de la châtelaine sont natures et bien modelées; l'effet de lumière et d'ombre portée est bien rendu.

Recommandons encore à l'attention des amateurs les magnifiques paysages de M. Aivasovski : *l'Hiver dans la Grande-Russie* (13), *les Champs de blé de la Petite-Russie* (14), *les Steppes de la nouvelle Russie, au coucher du soleil* (15), *la Côte méridionale de la Crimée* (16) ; — *Gué aux environs de Montoire* (414), par M. Busson ; — *Usine d'émouleurs dans la vallée de la Margeride, près de Thiers* (1201), par M. Giroux ; — *Vue prise à Champigny* (996), par M. Flers ; — *Vue prise à Saint-Hilaire-le-Château* (51), par M. André ; — *Souvenir de Ville-d'Avray* (598), par M. Corot ; — *La Chasse* (1323) et *Glaneuses à Chambaudoin* (1322), par M. Hédouin ; — *Les Vacheresses, près de Maintenon* (1009), par M. Fort ; — *Le Lac de Genève à Vevey* (669), par M. Dagnan ; — *Vaches à l'abreuvoir* (1179), par M. Girardet ; — *Vue de Toulon* (1968), par M. Morel-Fatio ; — *Les Sept péchés capitaux* (1413), par M. Jadin ; — *La Porte d'entrée du palais ducal, à Venise* (2599), par M. Van Moer ; — *Chercheurs d'écrevisses* (1310), par M. Harpignies ; *La Ferme à Chars* (1538), par M. Lambinet ; — *Vallon à la Roche-Bernard* (2532), par M. Thuillier ; — *Intérieur de l'église Notre-Dame, à Munich* (1862 bis), par M. Mathieu ; — *Vallée de Royat* (1569), par M. Lapito, etc., etc.

VI.

PASTELS, AQUARELLES, DESSINS, MINIATURES,
ÉMAUX ET PEINTURES SUR PORCELAINE.

Le Salon de 1857 est très riche en pastels et en dessins ; il l'est surtout en pastels, genre charmant qu'on avait délaissé pendant si longtemps et qui est aujourd'hui très à la mode. Et, disons-le, c'est à M. Giraud qu'on en est redevable. Nous nous rappelons avoir vu, il y a une vingtaine d'années, les premiers essais de cet artiste que nous avons suivi à chacune de nos expositions en signalant ses progrès.

M. **Eugène Giraud** est parvenu au plus haut degré de perfection qu'on ait atteint dans le dessin au pastel. La foule ne cesse de stationner devant son admirable *Portrait de M*^{me} *la comtesse de Castiglione* (1195). Quels beaux yeux et que cette bouche est petite et gracieuse ! Que d'esprit dans cette physionomie ! Que de charme dans l'ensemble de cette belle et jeune dame ! Le plus bel éloge qu'on puisse faire de ce portrait, c'est que le talent de l'artiste s'est montré digne du modèle. Son autre charmant *Portrait de M*^{me} *W.* (1196), renferme aussi de bien belles qualités d'exécution ; il est peut-être touché avec plus de fermeté, avec plus d'assurance même que le précédent.

M. **Maréchal** partage les honneurs du Salon, avec M. Giraud, pour son grand et magnifique pastel représentant : *Colomb ramené du Nouveau-Monde* (1823). Nous ne connaissons pas de pastel d'une aussi grande vigueur de coloris et d'un dessin plus énergique ; il a toute la puissance d'une peinture à l'huile.

M. **Wintz** a exposé trois paysages au pastel, qui font aussi l'effet de peintures à l'huile, tant la couleur en est solide et chaleureuse ; ce sont : *Les Cygnes à l'eau* (2703), *le bord d'un bois* (2702), et une *Vue prise en Lorraine* (2701). Ce dernier est le meilleur des trois ; le feuillage des différentes espèces d'arbres y est savamment et très distinctement rendu.

M. **Galbrund** est appelé à devenir un pastelliste de premier ordre ; il est coloriste et il a un dessin nature. Parmi ses quatre portraits, celui de Mme *la baronne de L.* (1089) et celui du *Docteur Cabarus* (1091) sont franchement et largement modelés.

Mme Mélanie Paigné fait les fleurs au pastel avec un talent qui annonce une élève distinguée de M. Maréchal. On retrouve dans ses *Bouquets de Pavots* (2033) la puissance de couleur du maître. Son *Bouquet de roses trémières* (2034) est d'un dessin gras et vrai; les feuilles surtout sont étudiées consciencieusement.

Mme **Coeffier** (née Lescuyer) expose six portraits dessinés au pastel, parmi lesquels nous citerons celui de *Mme la baronne de L.* (586), qui est dessiné correctement, mais d'un ton un peu noir et d'un modelé un peu sec.

M. **Faivre-Duffer** a trois portraits de femme dessinés au pastel. Celui qui porte le numéro 927 est joli, d'une couleur agréable, mais d'une exécution trop léchée.

M. **Eugène Lami**, l'un des premiers aquarellistes de notre époque, a exposé quatre grandes compositions. *Louis XIV présentant son petit-fils aux ambassadeurs d'Espagne* (1540) est une scène bien groupée et d'un ton solide; un *Concert dans les bosquets de Versailles au XVII*[e] *siècle* (1541), est un sujet gracieux, coquet; *Le souper dans la salle de spectacle du château de Versailles, à l'occasion* *du voyage de S. M. la reine d'Angleterre en France* (1542), offrait des difficultés de composition et d'effet de lumière dont l'artiste s'est habilement tiré ; mais il s'est surtout signalé dans cette autre grande composition : *Le Sultan passant à Constantinople, la revue de la division du prince Napoléon à l'époque de l'expédition de Crimée* (1543). Cette aquarelle, d'une jolie couleur, est touchée avec une grande facilité.

M. Bellangé ne fait pas le portrait militaire sans en faire un véritable tableau de bataille. Son *Portrait du colonel F. D., ex-colonel du 50ᵉ de ligne* (149), est une action qui s'engage en Crimée, où le colonel F. D. est représenté à cheval, commandant son régiment. Cette manière de faire le portrait convient parfaitement aux militaires et présente un intérêt qui manque généralement aux portraits. M. Bellanger a mis dans cette aquarelle tout l'effet qu'il sait répandre dans ses tableaux.

M. Préziosi a deux aquarelles vigoureusement touchées : les *Mendiants de l'Asie à Constantinople* (2209) et la *Vue du port de Constantinople* (2208). Cette dernière est remarquable par la perspective et l'harmonie des tons.

M. Calmelet a deux jolies aquarelles : *les Bords de l'Oise aux environs d'Auvers* (424) et *une Allée du bois de Meudon* (425). Les différents plans de ce dernier dessin sont bien sentis, le fond est chaud et léger de ton.

M. Bida fait des dessins qui valent des peintures pour la vigueur des tons et de l'effet général, pour la mise en scène, la finesse du dessin et la vérité du modelé. *Le Mur de Salomon* (219) est une composition imposante pleine de caractère, où l'on trouve de jolies têtes, des types très variés. *L'Appel du soir* (220), dans la tranchée à Sébastopol, est aussi une scène d'un sentiment simple, mais vrai, qui impressionne vivement.

M. Meissonnier n'a qu'un seul dessin au lavis qu'on prendrait volontiers pour une photographie tant il y a de finesse jusque dans les moindres détails. Ses *Joueurs d'échecs* (1891) sont dessinés avec la délicatesse de pinceau que ce peintre met dans ses tableaux.

M. Flandrin (Paul), dont nous avons loué le paysage historique, a encore exposé deux portraits dessinés à la mine de plomb, d'une grande pureté de contours. Celui de Mme B... (985) est très fin de modelé.

M. Galimard, l'auteur de *la Séduction de Léda*, expose les cartons des vitraux qu'il a peints pour l'église Sainte-Clotilde. Ils sont au nombre de onze et les figures sont de grandeur naturelle. Pour être juste envers M. Galimard, il faut tenir compte du style du monument pour lequel ces cartons ont été composés, et le féliciter d'avoir su donner à toutes ses figures le cachet de l'époque et l'agencement propre aux vitraux. Parmi ces dix figures de saints et de saintes, celles de *saint Hilaire* et de *sainte Geneviève* (1096 et 1100) sont surtout d'un beau style. Mais nous leur préférons encore le onzième carton : *Figures d'anges* (1103). Ces têtes ont beaucoup de caractère et sont dessinées largement.

M. **Borione** a envoyé cinq dessins au fusain, entre autres *le Portrait de madame la comtesse de Castiglione* (299) qui est fait avec une très grande facilité, mais qui n'a pas cependant toute la finesse du portrait de cette dame dessiné au pastel par M. Giraud et mentionné plus haut.

M. **Benouville** est plus fin, plus correct dans les trois portraits dessinés à la mine de plomb et exposés sous les numéros 171, 172 et 173.

M. **Langlois** expose une vue, *Souvenir de Rouen* (1559), dessin au crayon noir hardiment fait et d'un effet vigoureux.

M. **Massard** compte quatre dessins à la mine de plomb. Ce sont des portraits parmi lesquels nous trouvons celui de *M. Lefluel, architecte de l'Empereur* (1845). Ce portrait est bien dessiné et d'une parfaite ressemblance comme traits et comme physionomie.

M. **Mennessier** dessine le paysage avec des effets de lumière d'une grande puissance et une fermeté de crayon peu commune. De ces trois dessins au crayon noir, celui qui porte le numéro 1907 est très remarquable.

Mme **Herbelin** a huit miniatures sous le même numéro 1339. Nous y avons reconnu les portraits de MM. *Dumas fils, Dauzats, Eugène Delacroix* et de *mademoiselle Rosa Bonheur*. Ces portraits sont bien modelés et d'une bonne couleur.

M. **Maxime David** a exposé aussi neuf miniatures sous le numéro 697. Deux de ces peintures ont fixé notre attention : ce sont les *Portraits de S. E. Mirza-Ferruk-Khan, ambassadeur extraordinaire de S. M. le roi de Perse*, et le *Portrait de S. F. M. le maréchal Bosquet*, grassement peints et d'une grande ressemblance.

M. **Grisée**, sous le numéro 1247, expose neuf émaux, parmi lesquels nous remarquons une *Tête de jeune Homme d'après Maas*, d'un ton vigoureux et d'une exécution large et facile.

Mlle **Elise de Manssion** a peint sur porcelaine une *Tête d'Enfant*, d'après Greuze (1875), *Descente de croix*, d'après Louis Carrache (1873), et *Diane sortant du bain*, d'après François Boucher (1874). Cette dernière peinture rend on ne peut plus fidèlement le dessin et la couleur du maître.

VII.

SCULPTURE ET GRAVURE

EN MÉDAILLES.

Nous avons des premiers signalé, dans notre revue du Salon de 1834, la voie nouvelle, progressive, de la statuaire française ; nous avons montré ses tendances à se débarrasser de la routine pour se préoccuper davantage de la vérité dans l'art, et depuis nous n'avons cessé d'applaudir à ses efforts pour n'être plus une maladroite, une froide copie ou même un surmoulage des statues de l'antiquité grecque ou romaine ; nous avons prouvé que c'était à David (d'Angers), à son école continuée par Rude, qu'on était redevable de l'immense progrès auquel est arrivé l'art plastique et de ses tendances à abandonner la forme de convention, le *chique*, le poncis académique, pour se livrer à l'étude de la nature, et la rendre, non avec ses laideurs accidentelles, mais dans toute sa beauté, dans toute sa grandeur, dans toute sa puissance d'expression. Ces tendances si logiques, qui se produisaient plus puissamment à chaque exposition, étaient combattues par l'Institut, alors composé d'artistes d'une autre époque, d'un âge trop avancé pour changer de manière de faire et adopter les principes d'une école nouvelle. Mais, depuis vingt ans, le personnel de l'Académie des Beaux-Arts s'est presque entièrement renouvelé, et aujourd'hui, à part un ou deux de ses membres impuissants à suivre le progrès, et que, dans le monde artiste, on considère comme des praticiens plutôt que comme des artistes, comme des exécutants, des plagiaires, plutôt que comme des génies, des créateurs, à part, disons-nous, ces deux ou trois sculpteurs de l'Académie, dont nous apprécions d'ailleurs le talent de métier, nous constatons avec plaisir que la presque totalité des sculptures exposées est dans la tradition de l'école du progrès. L'Institut y est représenté par MM. Duret et Dumont qui marchent avec l'époque, bien que leurs œuvres n'aient pas le degré de vérité et d'originalité qui caractérise celles des deux chefs de l'école moderne, Rude et David (d'Angers).

Feu **Rude**, que nous regardons comme le plus grand des statuaires du siècle, parce qu'il a tout à la fois la grâce et l'élégance de Pradier, l'énergie et la vérité du modelé de David (d'Angers), les qualités de ces deux maîtres sans en avoir les défauts, RUDE a laissé en mourant trois figures en marbre qui sont exposées, et par lesquelles nous ne saurions mieux faire que de commencer notre compte-rendu de la sculpture.

Hébé et l'Aigle de Jupiter, groupe en marbre (3095), est une composition gracieuse de lignes et de contours ; la tête d'Hébé est charmante, les formes sont élégantes mais vraies ; on voit qu'elles ont été modelées d'après nature et non pillées de l'antique. De même, sa statue en marbre, *l'Amour dominateur* (3096), a un cachet naturel, quoique

d'un dessin fin et correct. Dans cette composition allégorique et philosophique, l'artiste a voulu représenter l'Amour dominant le monde, et voici comment, dans une lettre, il expliquait lui-même son sujet : « Je place l'esprit au milieu de la ma-
» tière ; cette petite figure allégorique que nous ap-
» pelons Amour, et que les Grecs regardaient
» comme le plus ancien de tous les dieux, ce génie
» féconde toute la création. Je figure l'eau tout au-
» tour de la terre ; les oiseaux représenteront l'air ;
» le feu sera le flambeau. Je tâcherai de décorer,
» sans prétention ni confusion, la terre et l'eau ;
» des poissons, des coquillages pour celle-ci ; sur
» le promontoire, des fleurs, des petits reptiles, en-
» fants de la terre. Un serpent faisant le tour de la
» plinthe terminera cette composition par la repré-
» sentation de l'éternité. »

Cette statue est une belle étude d'adolescent ; la tête est jolie, coiffée avec goût, et l'expression a de la fierté sans arrogance ; la pose est noble, simple et naturelle. Mais le morceau qui nous a le plus impressionné, c'est un fragment, un buste à mi-corps d'un *Christ en croix* (3097). Nous ne connaissons rien de plus beau, de mieux compris, de plus biblique. Quelle belle nature et quel admirable modelé !

M. **Duret**, qui occupe la première place parmi les statuaires depuis que la mort nous a enlevé Rude et David (d'Angers), M. Duret a exposé deux fort belles statues en marbre que l'on dit destinées au Théâtre-Français. L'une, représente la *Tragédie*, l'autre, la *Comédie*, sujets bien souvent traités, mais que l'artiste a su rendre d'une manière neuve par le goût exquis de l'agencement des draperies, la beauté des formes et le fini de l'exécution. Cependant, nous voudrions un peu plus de finesse dans les traits de la Comédie, un peu plus de malice dans l'expression.

M. Dumont tient, avec M. Duret, le haut rang dans la sculpture ; il n'a qu'une seule figure à l'Exposition : c'est la *statue en bronze du maréchal Suchet*, duc d'Albuféra, destinée à la ville de Lyon (2870). La pose du maréchal est simple, et pourtant elle annonce l'énergie. Cette statue est modelée avec le talent et la conscience que cet artiste met dans tous ses travaux.

M. Perraud expose l'une des meilleures sculptures du Salon de 1857 ; elle est intitulée : *Enfance de Bacchus* (3050), groupe en plâtre. Un vieux faune est assis sur un banc formé de trois pierres enlacées de lierre ; il tient debout sur son épaule un enfant, le jeune dieu Bacchus, qui s'amuse à tirer la longue oreille du bon vieux faune qui rit des espiégleries de son élève. Dans ce joli groupe, le faune attire plus particulièrement l'attention ; c'est une fort bonne étude de vieillard faite d'après nature. Si, dans l'exécution en marbre, l'artiste sait conserver au modelé de cette figure le sentiment nature qu'il a donné au plâtre, nous lui prédisons les plus grands succès pour la reproduction de son groupe.

M. **Daumas** compte trois ouvrages remarquables. La statue en pierre de *Jean de Gauthier, fondateur de l'hospice de la Charité à Toulon* (2333), est exécutée avec la facilité que possède cet excellent élève de David (d'Angers), dans les œuvres duquel on retrouve parfois les défauts d'*ensemble* du maître, mais aussi ses plus brillantes qualités. Sous le rapport de l'ensemble, nous préférons sa figure d'*Aurélia Victorina, princesse gauloise surnommée la Mère de camps* (2834). La pose de cette femme a de la dignité, son expression de l'énergie ; les draperies, cette fois, ont du style et sont très étudiées. Nous ne reprocherons à cette statue que le mouvement de la jambe gauche qui n'est pas heureux. Enfin, dans son *Étude de cheval* (2835), M. Daumas rachète les fautes d'ensemble qu'il a commises dans celui qu'il a exécuté au pont d'Iéna. En effet, nous n'avons que des éloges à accorder à cette étude en plâtre ; ce cheval est parfait de modelé et de mouvement.

M. **Lequesne** a exécuté en marbre blanc la statue d'un *Soldat mourant* (2986) *d'après une esquisse de Pradier*, dit le livret. Est-ce bien d'après une simple esquisse ? — Oui, Pradier faisait ses modèles bien plus nature que n'est modelé ce guerrier grec. Cette figure est exécutée avec beaucoup de talent, mais nous la voudrions moins imitée de l'antique. Nous félicitons M. Lequesne d'avoir changé de méthode pour sa *statue en plâtre du maréchal de Saint-Arnaud* (2987). Cette figure est d'un modelé très vrai.

M. **Millet** comprend qu'on peut avoir du style, avoir un dessin correct sans faire du pastiche antique. Sa statue en marbre représentant *Ariane* (3016) est une composition gracieuse sous tous les aspects. Les formes sont belles, le modelé gras et vrai. La tête, coiffée avec beaucoup de goût, est jolie ; elle exprime bien le profond chagrin d'Ariane, l'accablement que lui cause son abandon. Cette statue est une des meilleures du Salon.

M. **Ottin** est, comme M. Millet, élève de M. David (d'Angers) On s'en aperçoit à l'énergie, à la fougue de la composition du groupe en bronze qu'il expose : *Chasseur indien surpris par un boa* (3043). Le mouvement du chasseur est très hardi et bien senti ; la tête a du caractère. Nous trouvons seulement que le boa semble se prêter un peu trop comme point de mire, qu'il pose tout exprès en ouvrant la gueule pour recevoir la flèche que l'Indien va lui envoyer. Cet artiste a encore exposé un charmant petit groupe en marbre sous cette désignation : *Jeune Fille portant un vase* (3044). Le mouvement du tors est joli, les lignes sont gracieuses ; mais les enfants placés aux pieds de cette jeune fille sont peut-être un peu trop petits, surtout celui de droite.

M. **Dubray**, après avoir obtenu un délai de l'administration, est enfin parvenu à terminer et à exposer la statue en marbre de l'*Impératrice Joséphine* (2865), destinée à la ville de Saint-Pierre-

Martinique. L'artiste a fait quelques modifications à son modèle en plâtre, dont nous avons parlé, il y a un an, lors de l'exposition de l'Agriculture. Cette figure a gagné dans l'exécution en marbre ; elle a bien la grâce, la noblesse et en même temps la simplicité qui distinguaient Joséphine. Quant au petit bas-relief en bronze qui orne le piédestal et qui représente *le Sacre de l'Impératrice Joséphine* (2866), la distance qui nous en sépare est trop grande pour que nous puissions apprécier ses qualités artistiques. Il n'en est pas de même heureusement du petit modèle, en plâtre bronzé, de la *statue du sculpteur Clodion* (2867), exécuté en pierre pour le nouveau Louvre. Ce modèle est franchement touché ; il y a de l'aisance dans la pose, du goût dans l'agencement des vêtements et des accessoires ; la tête a de la physionomie et les formes sont sveltes, élégantes.

M. Calmels n'a pas voulu suivre l'ornière battue par tant de ses confrères; il a voulu être lui et c'est un mérite dont il lui faut tenir compte en jugeant sa *statue en marbre de Psyché* (2770). Nous croyons que, sans faire de pastiche, M. Calmels aurait pu trouver un type, une nature plus en rapport avec le caractère, avec le tempérament que la mythologie nous fait concevoir de Psyché. Cette observation faite, nous louerons cet artiste sur la finesse, la vérité de son modelé, que l'on retrouve également dans la *statue en marbre de l'enfant de M. Sanchez d'Agreda* (2771), et dans le *buste en plâtre de madame Fournier, née Delphine Baron* (2772).

M. **Thomas** expose son *Orphée, statue en marbre* (3111), que nous avons vu parmi les envois de Rome, il y a deux ou trois ans, à l'École des Beaux-Arts. Elle fut alors l'objet de critique peut-être un peu trop sévères ; on lui reprochait de ressembler par trop, et comme pose et comme formes, à la statue antique dite *le Germanicus*. Depuis, M. Thomas a revu son marbre, il l'a beaucoup travaillé, car les formes rondes de son Orphée sont aujourd'hui d'un modelé plus fin, plus nature. Un bas-relief en plâtre du même artiste, témoigne de son goût pour l'antique ; il représente *un Soldat spartiate qu'on rapporte à sa mère* (3114). Les méplats de ce bas-reliefs sont parfaitement sentis ; les figures ont du style, à l'exception de la tête du soldat tué qu'il faudrait refaire entièrement.

M. **Lechesne** a envoyé cette année deux groupes en bronze dont le sujet est tiré de ces deux vers :

« Dieu seul a droit sur tout ce qui respire.
» Ne pouvant rien créer, il ne faut rien détruire. »

Dans les deux groupes, ce sont *deux Jeunes dénicheurs d'oiseaux* qui sont en scène. —Ici, l'un des deux gars tient déjà le nid qu'il est forcé de laisser tomber avec les petits, pour garantir ses yeux des coups de bec des deux oiseaux qui l'attaquent, tandis qu'un serpent sorti des broussailles veut mordre l'autre gars qui le saisit d'une main dont la force est doublée par le danger. — Là, nos dénicheurs ont abattu un nid d'oiseaux, ils ont tué les petits qu'il contenait, ainsi que le père et la mère, mais un serpent s'est enlacé à la jambe de l'un et le mord affreusement. Ces deux petits drames sont assez bien rendus; il y a du mouvement, de l'effet, mais les nus demanderaient un peu plus d'étude.

M. Gruyère (Théodore-Charles) n'a qu'un seul ouvrage : c'est *Chactas au tombeau d'Atala*, statue en marbre (2924) d'un beau sentiment et d'une grande expression. Cette figure est une bonne étude consciencieusement exécutée.

M. Robert (Élias) s'est souvenu de la Diane de Houdon, en composant *sa statue en bronze de la Fortune* (3075), mais le bronze de Houdon qu'on voit au musée du Louvre est plus nature que celui dont nous nous occupons. Néanmoins, cette figure est jolie, elle s'élance bien. — Les *quatre groupes de Cariatides*, destinées à la façade de l'Académie de musique de Philadelphie, sont des compositions subordonnées à l'architecture et sur lesquelles nous nous arrêterons peu. Nous dirons seulement que les draperies sont agencées avec goût, et que l'artiste a su varier le caractère des têtes.

M. Huguenin expose un groupe en marbre: *Jésus au jardin des Oliviers* (2942) et une statue en plâtre : *La chaste Suzanne* (2943). Le groupe en marbre est travaillé avec la facilité, l'habileté qu'on reconnaît à cet artiste qui a fait un peu son portrait dans la tête du Jésus, ce qui n'empêche pas qu'elle soit assez dans le caractère adopté pour le Christ. Il règne dans ce groupe un sentiment de tristesse qui impressionne. Nous sommes moins satisfait de la statue *la Chaste Suzanne* dont le mouvement ne s'explique pas, car vu l'absence des deux vieillards rien n'indique que ce soit là une Suzanne surprise au bain. Quiconque ne consultera pas le livret croira que cette statue représente une femme qui, dans un accès de désespoir, va se précipiter du haut de quelque muraille.

M. **Bonnaffé** n'est guère plus clair dans la statue qu'il a exposée, et après avoir consulté le livret, nous avons encore moins compris ce que cet artiste a voulu exprimer. Une femme entièrement enveloppée, y compris les bras et les jambes, dans une draperie mouillée qui colle sur toutes les parties du corps, danse, avec un certain geste moderne, la tête et le haut du corps penchés en avant. Quel est ce sujet, nous sommes-nous demandé ? Est-ce une bayadère, une naïade, une baigneuse en gaîté ?..... Nous ouvrons le livret et nous lisons : « *Belle de nuit; statue, marbre* (2746). » Qu'est-ce qu'une belle de nuit ? Pourquoi plutôt une belle de nuit qu'une belle de jour ? Qu'est-ce qui indique la nuit dans cette statue où l'on n'aperçoit ni flambeau ni lune ? Nous avouons n'y rien comprendre, et nous regrettons que cet artiste ait dépensé son talent dans une pensée aussi bizarre qu'insaisissable.

M. **Cabuchet** se distingue, cette année, par un beau groupe en marbre représentant *Saint Vincent-de-Paule* (2763), tenant sur ses genoux un tout jeune enfant et faisant dire la prière à un autre orphelin qui est à ses côtés. Cette intéressante composition est exécuté avec talent et une grande conscience.

M. **Triqueti** n'a pas moins de sept morceaux de sculpture au Salon. Nous ne nous occuperons que d'un seul, les autres étant très faibles de conception et d'exécution. Sa statue en marbre représentant *le Jeune Édouard VI, roi d'Angleterre, étudiant les Saintes Écritures* (3119), est d'un sentiment simple, nature, et ce grand lévrier qui s'appuie câlinement contre le dos de son maître, est une idée originale. Cette petite figure est agencée avec goût et finie avec soin.

M. **Chambard** a trois statues en marbre : *Un Bacchus* (2787) et *une Stratonice* (2788), qui sont deux pastiches de l'antique, d'un modelé rond et sans caractère, et *l'Amour enchaîné* (2786), composition qui n'est pas neuve, mais dont la pensée est toujours originale. Ici le modelé a plus de couleur que dans les deux figures précédentes ; le mouvement de l'Amour, qui fait des efforts pour se débarrasser des guirlandes de fleurs qui l'attache au piédestal qui supporte le dieu Faune, ce mouvement, disons-nous, est bien senti et ce pauvre petit Amour fait une petite moue charmante.

M. **Loison** a envoyé un petit groupe en marbre qu'il intitule : *La Convalescente* (2994). Cette jeune fille, assise sur les genoux de sa mère, n'a rien d'amaigri ni de maladif, et l'on pourrait dire ici, comme au vaudeville : « La mère et l'enfant vont bien. » Néanmoins, ces deux figures sont gracieuses; elles sont exécutées avec un soin extrême ; la tête de la mère est d'un joli caractère et les draperies sont d'un bon style. Sa statuette en marbre d'*une Jeune Fille* (2995) a également une jolie tête, mais la draperie n'est pas d'un agencement heureux.

M. **Ramus** expose aussi un petit groupe en marbre dont l'idée est heureusement traduite. *Les Marguerites* (3069), tel est le titre de ce groupe composé de deux jeunes filles qui effeuillent la marguerite, cet oracle des amours. L'une est heureuse, car sa marguerite a dit : *passionnément,* tandis que sa compagne est accablée sous un terrible : *pas du tout.* Ces petites figures sont jolies et gracieuses.

M. **Demesmay** n'a-t-il pas copié par trop la Vierge de Murillo dans sa Vierge en marbre, *Mater Christi* (2847) ? Il a été mal inspiré, car la transparence des couleurs permet des choses impossibles en sculpture, et les draperies, qui n'ont rien de choquant dans Murillo, sont ici d'un lourd écrasant. L'Enfant-Jésus est bien, mais la tête de la Vierge n'est ni jolie, ni dans le caractère. En général, la sculpture de M. Demesmay manque de finesse de modelé ; il nous en fournit la preuve dans le *Buste en marbre* *du général comte Morand* (2848) et dans celui du *général duc de Rovigo* (2849), d'une exécution lourde et floue, où l'eau forte à joué un trop grand rôle.

Mme **Lefèvre-Deumier** est, de toutes les dames qui s'occupent de sculpture, la seule qui soit véritablement artiste ; les autres ne sont que des amateurs dont nous ne nous occuperons point. Déjà, aux expositions de 1852 et 1853, nous avons eu à signaler de beaux bustes de cet artiste. Cette année, Mme Lefèvre-Deumier aborde courageusement les difficultés de la statuaire ; elle expose une figure d'étude d'un joli sentiment et d'un modelé nature. Sans vouloir chicaner, nous demandons à l'auteur pourquoi avoir désigné cette statue en marbre sous le titre de *Virgile enfant* (2977), quand aucun signe ne le justifie ? Après cette observation, nous citerons encore deux bustes, celui de *M. le général Paixhans* (2979) et celui de *M. Le F. D.* (2980), où l'on reconnaît la touche de l'ébauchoir si franc et le modelé si nature du talent de Mme Lefèvre-Deumier.

M. **Montagny** compte six sculptures au Salon : une statue et cinq bustes. *Saint Louis, roi de France* (3020), est une statue en marbre d'un caractère simple et religieux ; la tête, moins laide qu'on ne la fait ordinairement, est cependant ressemblante, et les draperies sont largement modelées.

M. Grabouski s'est inspiré de ces vers :

« Sa pensée est au ciel, au séjour qu'elle espère,
» Et son chien, son ami, son compagnon sur terre,
» Fixe instinctivement, et promène ses yeux,
» Sur son regard perdu qui s'enfuit vers les cieux. »

Et il a composé son groupe en marbre intitulé : *La Pensée et l'Instinct* (2920). Ce titre paraît un peu prétentieux pour être appliqué à cette jeune paysanne dont la tête n'exprime aucune pensée. Le véritable mérite de l'œuvre de M. Grabouski consiste dans la parfaite exécution du marbre et dans la vérité du modelé.

M. Veray a été chargé d'exécuter une statue en bronze représentant *le Brave Crillon* (3158), destiné à décorer la place de l'hôtel de ville à Avignon. Cette figure est d'un aspect satisfaisant, la pose a de la noblesse, et la tête un air de franchise et de bravoure qui convient bien au personnage.

M. Gumery expose son groupe en marbre : *Le retour de l'enfant prodigue* (2933), dont nous avons déjà apprécié le mérite dans notre compte-rendu de l'exposition des envois de Rome à l'école des Beaux-Arts. Nous disions, dans *L'Europe artiste* du 12 octobre 1856 : « Cette œuvre, d'un pensionnaire de cinquième année, est d'un sentiment froid, mais l'exécution du marbre est soignée; la tête et les mains du vieillard sont modelées avec talent. »

M. **Desbœufs** n'a envoyé qu'une sculpture; c'est un bas-relief en pierre représentant *l'Architecture* (2851). Cette composition est conçue dans le style monumental et son exécution est bien entendue de bas-relief. La pose de cette figure est gracieuse et le tors élégant de forme.

M. **Leharivel-Durocher**, sous ce titre : *Etre et Paraître*, nous montre, dans une statue en plâtre (2982), une des situations si pénibles et si communes de la vie : avoir le cœur navré de chagrin et montrer au monde un visage souriant. Quiconque a souffert en silence, quiconque a eu la force de cacher ses misères sous des dehors heureux, sous un sourire, ne pourra s'arrêter devant cette statue représentant une jeune et belle femme cachant ses larmes derrière le masque qu'elle tient à la main, et dont le fou rire contraste avec le sentiment douloureux exprimé sur les traits et dans la pose de cette charmante figure. Tout est vrai dans cette œuvre : expression et modelé. Le mouvement du dos est très joli et les draperies sont largement touchées. Cette figure est bien supérieure à l'*Ecce ancilla Domini*, statue en marbre (2981) exposée par le même artiste.

M. **Schroder** expose aussi une figure en plâtre d'un sentiment mélancolique et sympatique ; il l'intitule : *La chute des feuilles* (3101). Si nous ne nous trompons, cette figure doit être un portrait;

la tête est très expressive; elle est, ainsi que les draperies, d'un modelé large et vrai.

M. **Frison** a fait une des statues en plâtre les mieux étudiées de l'exposition de sculpture. Sa *Jeune Fille à sa toilette* (2902) est une gracieuse composition qui ne pourra que gagner encore à être reproduite en marbre. La tête est jolie, bien coiffée; les formes sont élégantes et d'un modelé nature.

M. **Caudron** a également exposé une bonne étude de femme nue qu'il désigne ainsi : *Le Réveil*. statue en plâtre (2782). Le mouvement, quoique très vrai, fait penser à autre chose qu'au réveil; mais cette figure est d'un dessin correct, le modelé fin et vrai.

M. **Robinet** a voulu, comme chacun de nous, essayer cette admirable image du Christ; presque tous les sculpteurs modernes ont tenté de modeler un Christ, mais bien peu ont réussi. Le *Christ en Croix* (3083) de M. Robinet est un plâtre bien exécuté, mais d'une nature un peu trop forte, trop puissante : la nature du Christ était douce, aimante, mélancolique, plutôt que vigoureuse et athlétique. Néanmoins, la tête est bien dans le caractère; elle a de l'expression. Nous signalerons encore du même artiste un beau buste en marbre, *Portrait de Mme Émile de Girardin* (3084), d'une très grande ressemblance et d'une bonne exécution.

M. **Brion** est l'auteur d'une statue en plâtre (2757), celle de *L'abbé Haüy, minéralogiste, mort en* 1822. La pose de cette figure est simple, naturelle ; la tête est d'un sentiment naïf et les vêtements largement modelés.

M. **Chatrousse** a envoyé deux charmants groupes en plâtre. L'un représente *la Séduction d'Héloïse*, et l'autre *le Dernier adieu d'Abeilard à Héloïse* (2792 et 2793). La première de ces compositions est gracieuse et remplie de sentiment. La seconde est moins heureuse et l'exécution inférieure. Héloïse nous parait un peu petite comparativement à la même figure du premier groupe, et à celle d'Abeilard.

M. **le comte de Nogent** fait de la sculpture comme un véritable artiste. La statue en plâtre : *Rêverie au bord de la mer* (3038), est une bonne figure. La tête est jolie, la pose simple et gracieuse. Son buste en marbre, *Portrait de Mlle A. de N.*, est bien modelé.

M. **Bogino** a modelé, dans le style académique, *un Ajax*, fils d'Oïlée, qui se recommande par l'énergie du mouvement et la science anatomique. Cette statue en plâtre, d'une proportion plus forte que nature, est modelée avec talent et tout à fait dans le goût des envois de Rome.

M. **Sauvageau** expose une fort belle terre

cuite. C'est une petite statue de *Lesbie* (3099) agaçant une perruche posée sur son épaule. Cette composition est on ne peut plus gracieuse ; Lesbie est jolie et drapée avec beaucoup de goût.

M. **Guillaume** a envoyé, à l'Exposition, les modèles en plâtre des bas-reliefs qu'il a exécutés en pierre pour Sainte-Clotilde. Ces quatre bas-reliefs représentent : *Le mariage de Clotilde et de Clovis dans la cathédrale de Soissons* (2927), — *Le Baptême de Clovis* (2928), — *La Mort de Sainte Valère* (2929), — *Sainte Valère décapitée porte sa tête à Saint Martial* (2939). Nous avons examiné avec attention ces quatre compositions, d'un modelé assez négligé, et nous n'y avons trouvé rien d'original, rien de remarquable, rien que le premier venu des exposants n'eût pu faire.

M. **Crauk (Gustave)** a trois ouvrages au Salon: *Bacchante et Satyre* (2824), petit groupe en bronze dont nous ne parlerons point, et deux bustes en marbre auxquels nous nous arrêterons. Celui de *S. E. le maréchal Pélissier, duc de Malakoff* (2825), est l'un de meilleurs bustes en marbre de l'Exposition. Les traits du maréchal prêtent peu à la sculpture, mais l'artiste a su en tirer un excellent parti. Le marbre de ce buste et celui du *Buste du maréchal duc de Coigny, pair de France* (2826), sont travaillés et finis avec un soin extrême.

M. **le comte de Nieuwerkerke** tient aussi le

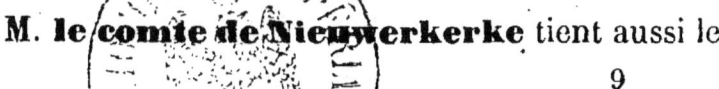

premier rang pour l'exécution et la ressemblance de son beau buste de *S. E. M. le maréchal Bosquet* (3036). Ce marbre est plus grassement, plus largement modelé que ceux de M. Crauk ; il est vrai que l'artiste était favorisé par la nature du modèle, par le beau type du maréchal Bosquet.

M. **Dantan**, jeune, a quatre bustes en marbre. Nous ne nous occuperons que de celui de *S. E. M. le maréchal Canrobert* (2828), à l'exécution duquel cet artiste semble s'être attaché davantage. Il est aussi très ressemblant ; le masque a de la finesse, mais le modelé est un peu rond ; il n'a pas la fermeté de ceux faits par MM. Crauk et Nieuwerkerke.

M. **Cavalier** n'a que deux bustes en marbre ; ce sont les *Portraits de Mme L. R.* et de *Mme B.* (2783 et 2784). M. Cavalier donne à tout ce qu'il fait un cachet de grandeur qui sent l'antique sans en être une copie. Ces bustes ont de la physionomie, de la couleur et du style tout à la fois.

M. **Cordier** compte dix-huit bustes à l'Exposition, parmi lesquels il faut signaler une collection très curieuse de douze types algériens. Plusieurs de ces types sont d'un beau caractère et d'un modelé très nature. Mais en dehors de cette collection, nous avons remarqué les bustes de *S. E. M. le maréchal Randon, gouverneur de l'Algérie* (2803), et de *Mme la maréchale Randon* (2804).

M. **Oudiné** est le seul des graveurs en médailles de notre époque qui soit en même temps un statuaire très distingué ; aussi, a-t-il obtenu toutes les récompenses, et comme graveur en médailles et comme statuaire. Il n'a cette année que deux bustes en marbre : celui du jeune E. O. (3045) et celui de Mlle J. O. (3046). Ces deux bustes sont grassement modelés et l'exécution en marbre en est très soignée. M. Oudiné a encore huit médailles sous le même numéro (3047) : 1° *L'Apothéose de l'Empereur Napoléon Ier*, d'après le plafond de *M. Ingres ;* 2° la *Bataille d'Inkermann ;* 3° *le Tombeau de Napoléon Ier aux Invalides ;* 4° *Chemin de fer de Paris en Espagne ;* 5° *le Séminaire de Rennes ;* 6° *la Société humaine et de sauvetage ;* 7° *la Compagnie centrale d'Assurance maritime ;* 8° *le Comité agricole de Cognac.* Celle de ces huit médailles qui nous a paru la mieux composée est celle pour la Société humaine et de sauvetage.

M. **Cabet** a exposé le buste en bronze de feu Rude, son professeur ; il est extrêmement ressemblant et son modelé on ne peut plus nature. La longue barbe que portait ce grand artiste était une difficulté que M. Cabet a surmontée avec beaucoup d'esprit et de talent.

M. **Debay (Jean)** n'a que deux bustes parmi lesquels nous citerons particulièrement celui de *M. Dupuis, colonel du* 57° *de ligne, tué à l'assau de Malakoff* (2840). Nous citons de préférence ce buste, parce qu'il n'a été fait que sur des documents, et qu'à notre avis on ne tient pas assez compte, généralement, de la différence qu'il y a de modeler un buste d'après nature, ou de le *créer* sur des renseignements souvent très vagues, d'après une gravure, une peinture, un dessin plus ou moins mauvais. La chose n'est cependant pas la même ; il faut n'avoir jamais tenu un ébauchoir pour ne pas réussir un buste d'après nature, tandis que nous connaissons plus d'un artiste en renom qui a échoué en voulant reconstituer un portrait sur de simples documents. Nous louerons donc M. Debay d'avoir su donner de la physionomie à son buste et un aspect nature par la vérité du modelé.

M. **Oliva** a trois bustes en marbre exécutés avec un talent remarquable ; ce sont : *les Portraits de Mgr Gerbet, évêque de Perpignan* (3040), *du R. P. Ventura de Raulica* (3042) et *de Madame H. L.* (3041). Les deux premiers sont surtout d'un modelé bien nature.

M. **Blavier**, dont nous avons déjà loué l'exécution large et franche, expose *une Devineresse, groupe en bronze* (2727), *Portrait de M. Adrien Tournachon, buste en bronze* (2738), *Portrait de Mme L. M., buste en marbre* (2739), *Portrait de Mme A. M., buste en marbre* (2740). Bronze ou marbre, M. Blavier conserve toujours son exécution hardie.

M. **Franceski**, dont nous ne parlons que pour

lui reprocher de n'avoir pas su élever son talent à la hauteur de son modèle. Son buste de *Mme la comtesse Charles Tascher de la Pagerie* (2899) est si loin de la finesse de traits, si loin de ressembler, que nous avons dû avoir recours deux fois au livret avant d'accepter ce buste, maigre et mal coiffé, pour le portrait de la gracieuse comtesse.

M. **Mène** occupe toujours le premier rang pour ses groupes d'animaux ; il les pose avec goût et les rend avec vérité. *La Chasse au cerf* (3008), *Chiens anglais* (3009) et *les Chiens bassets fouillant un taillis* (3060), sont modelés avec un talent hors ligne.

M. **Bonheur (Isidore)** fait les animaux dans des proportions plus grandes et avec un talent très remarquable. Son groupe en plâtre d'*une Vache défendant son veau contre un loup* (2745), est plein de sentiment et d'énergie.

M. **Gueret** est un sculpteur en bois très distingué. Son groupe d'*une Poule surprise par un chat et défendant ses petits* (2925), est un bois coupé avec beaucoup de talent et une grande facilité.

Nous regrettons de ne pouvoir citer qu'à la hâte : *Le Joueur de biniou dansant la nigouée* (2972), par M. LEBOURG, petite statue en bronze d'un mouvement hardi et plein de verve ; — *la Lyre chez les*

Berbères (2729), par M. Bartholdi, petit groupe en bronze d'un sentiment nature ; — *un bon Ange* (3092), groupe en marbre, composition gracieuse, par M. Rousseau ; — *Léandre*, statue en marbre (2931), consciencieusement étudiée, par M. Guitton ; — *jeune Fille endormie* (3029), petite statue en marbre grassement modelée, par M. Moreau ; — *la Nourrice indienne* (8067), petit groupe en marbre plein de grâce et de finesse, par M. Protheau ; — *les Danseurs d'Herculanum*, groupe en plâtre (2822), par M. Courtet ; — *l'Éducation*, groupe en plâtre (3117), par M. Travaux ; — *l'Art étrusque*, statue en plâtre (3102) drapée avec goût, par M. Simyan ; — *Zénobie retirée de l'Araxe*, groupe en plâtre, par M. Marcellin ; — *l'Union fait la force*, statue en plâtre (2906), par M. Garnier ; — *Jérémie*, statue en plâtre (3141), par M. Vivien ; — *Pêcheur et son Chien*, groupe en plâtre (3035), par M. Nast ; — *la Pensierosa*, statu en plâtre (2961), par M. Lanzirotti ; — *jeune Faune*, plâtre (2970), par M Lavigne ; — *Amour et Jeunesse*, groupe en plâtre (2956), par M. Kley ; — *Écorché, ou Myologie du corps humain*, savante étude anatomique de M. Lamy (2958) ; — *le Printemps* (2719) et *l'Automne* (2720), fort beaux bustes en marbre, par M. Arnaud ; — *Portrait de M. le duc de Beauffremont*, buste en marbre (2950), par M. Iselin ; — *Portrait de M. Ducos*, buste en marbre (2993), par M. Lescorné ; — *Buste en marbre de M. le colonel Blachier* (2748), par M. Bosc ; — *une Sybille moderne*, buste en marbre (2852), par M. Desprey ; — *Portrait d'un jeune Enfant*, buste en marbre (3116), par M. Tragin ; — *le buste en marbre de mademoiselle V. S....* (3007), par M. Mathieu Meusnier ; — *Buste en marbre de Mgr Bouvier, évêque du Mans* (2796), par M. Chenillon ; — *Médaille commémorative à l'emprunt des 500 millions*, par M. Merley ; — *huit Portraits-Médaillons en bronze* (2827), par M. Damousse ; — *un Tigre royal du Bengale* (2849), *une Panthère de Java* (2844) *et un Cerf de France* (2845), par M. Délabrière ; — *Rossignol pris au lacet* (2916), par M. Gonon, — *Un Lion, bronze* (2952), par M. Jacquemart ; — *Médaille de l'Exposition française à Rome* (2832), par M. Dantzell ; — *La Fille de Jephté* (2884), par M. Fabisch.

Note de l'Éditeur. — L'auteur de ce volume, on le conçoit, n'a pu songer à citer et surtout à parler de la sculpture qu'il avait à l'Exposition. Mais, tout en appréciant sa réserve, tout en respectant sa modestie, M. Louis Auvray, nous permettra cependant d'être moins réservé et de ne pas laisser passer sous silence le rang honorable que son *Lesueur* (2723) occupait au Salon de 1857. Ce beau marbre, qui se faisait remarquer par la finesse et la vérité du modelé, par le goût de l'agencement des vêtements, a été commandé par S. E. M. le Ministre d'État pour le foyer du théâtre impérial de l'Opéra. — Ch. Desolme.

VIII

GRAVURE ET LITHOGRAPHIE.

Si les graveurs anglais sont nos maîtres pour les vignettes, nous leur sommes certainement supérieurs pour la gravure artistique, pour celle dont le but est la reproduction fidèle des œuvres de la grande peinture, de la peinture historique surtout. Les gravures anglaises ont entre elles un tel air de famille qu'on les croirait toutes sorties du même burin. En effet, qu'il s'agisse d'une vignette ou de l'imitation d'une peinture sérieuse, toutes ont la même couleur, le même effet blanc et noir, et souvent des têtes anglaises y sont substituées à des types sévères de l'antique.

Quant à la lithographie, cet art essentiellement français, il est parvenu chez nous, chez nous seulement, à un tel degré de perfection, qu'il rivalise de pureté et de finesse avec les plus belles gravures, sur lesquels il a parfois l'avantage de mieux rendre la couleur et la manière d'un artiste.

M. **Calamatta** possède, sans conteste, le burin le plus délicat et le plus souple de notre époque. On peut juger de la finesse de ses tailles dans les trois gravures qu'il a exposées : *Paysans romains dans l'admiration,* d'après M. Madou (3153); —

Souvenir de la patrie, d'après M. Alf. Stevens (3154);
la Cenci, d'après Guido Reni (3155).

M. **Prévost** est un graveur au burin vigoureux qui a cherché l'effet, la couleur, dans sa gravure de *Jésus chez Simon le Pharisien*, d'après le tableau de Paul Véronèse du Musée du Louvre (3263); mais les tailles de cette planche sont peut-être un peu lourdes.

M. **Martinet** a un burin ferme; il est ami de la couleur, comme l'atteste l'épreuve exposée sous le numéro 3229 : *Les Derniers honneurs rendus aux comtes d'Egmont et de Horn*, d'après M. Gallait. Cette planche imite parfaitement l'effet du tableau.

M. **Salmon** expose le *Portrait de M. Schneider*, vice-président du Corps législatif, gravé d'après Paul Delaroche (3274). Les tailles de cette planche sont fines, correctes, mais un peu froides.

M. **Dien** n'a qu'une gravure inscrite au livret : c'est le *Portrait de M. le comte de Nieuwerkerke*, membre de l'Institut, directeur général des Musées impériaux, intendant général des Beaux-Arts de la maison de l'Empereur (*fac simile*, d'après M. Ingres) (3177). Ce graveur a rendu avec beaucoup de finesse et une grande exactitude, le beau dessin de M. Ingres, si remarquable pour le modelé de la tête et la ressemblance.

M. **Daubigny**, le paysagiste distingué dont nous avons parlé avec éloge dans un précédent chapitre, a exposé plusieurs gravures à l'eau-forte exécutées avec l'habileté et le talent d'un excellent dessinateur. Nous citerons principalement *le Buisson*, paysage d'après le tableau de Ruysdael, du Musée du Louvre (3175).

M. **Malardot** a exposé une eau-forte d'une grande vigueur de crayon : c'est *un Ravin dans les Vosges* (3225).

M. **Jazet**, l'habile interprète des peintures de M. Horace Vernet, a reproduit, avec le charme et la fidélité habituels de son burin, trois tableaux bien connus de ce maître : *Louis XV à Fontenoy* (3206); *Retour de la chasse aux lions* (5207); *Trappiste en prières* (3208).

M. **Lassalle (Émile)** expose les deux plus belles et les deux plus importantes lithographies du Salon : *Médée poursuivie*, d'après Eugène Delacroix (3331), et *Faust au sabbat*, d'après M. A. Scheffer (3332). La première de ces deux lithographies est d'un effet de lumière si puissant, d'un crayon si large, si moelleux, qu'elle plaît plus que le tableau.

M. **Sudre** est le traducteur des compositions de M. Ingres; il a reproduit presque toutes les peintures de ce maître. Son dessin correct, son crayon fin mais un peu monotone de ton, convenaient bien à la couleur froide et grise de M. Ingres. Peu de lithographies ont un fini aussi délicat que les deux épreuves exposées par M. Sudre : *Tête d'étude*, d'après un dessin de Léonard de Vinci, de la collection du Louvre (3380), et *la Muse de la Musique*, d'après M. Ingres (3381).

M. **Noël** est un dessinateur d'un grand talent ; il a le crayon très facile, ainsi que nous le prouve sa lithographie du *Portrait de S. E. M. A. Fould*, ministre d'Etat et de la maison de l'Empereur, d'après M. Larivière (3339), et les trois autres d'après les peintures de MM. Jalabert et Winterhalter.

M. **J.-H. Flandrin** a reproduit en lithographie quelques fragments des peintures faites par lui à l'église Saint-Vincent-de-Paule (3314). La lithographie a cet avantage, c'est que tout artiste qui sait dessiner peut, en se copiant sur la pierre, conserver à ses compositions le sentiment et la forme. C'est là le cachet qui distingue l'épreuve exposée par M. Flandrin.

M. **Glaize** a également dessiné lui-même sur la pierre son tableau : *un Pilori* (3318), qu'une autre main n'aurait pu reproduire avec ce sentiment et cette vigueur de coloris.

IX

ARCHITECTURE

MM. Baltard. -- Lacroix. -- Van Cleemputte.--Parent.--Delacour.
Durand.--Lejeune.--Godebeuf.

Nous nous sommes souvent demandé pourquoi l'architecture occupait le dernier rang dans la hiérarchie des beaux-arts. Selon la logique, ne devrait-elle pas cependant avoir la première place, puisque les autres arts, surtout la peinture et la sculpture, ne sont que ses auxiliaires, que des parties d'elle-même, et que, dans tous les cas, elle est appelée à donner l'hospitalité aux produits des arts et des sciences, soit dans les palais, soit dans les musées, soit dans les théâtres qu'elle élève. L'architecture est aussi, de tous les arts, le moins à la portée de la foule qui visite les expositions, et c'est sans doute parce que les connaissances spéciales manquent à bien du monde pour l'apprécier, que cet art est le plus attaqué, le plus calomnié.

Quand nous entendons reprocher à l'architecture d'être restée dans l'ornière, de n'avoir point fait un pas, de n'avoir pu sortir des styles grec, romain, gothique et renaissance, de n'avoir pas su produire, dans ce siècle de progrès, autre chose que des colonnes, des pilastres, des frontons et des portiques, il nous semble qu'il vaudrait tout autant se plaindre de ce que, depuis la création, l'année soit encore invariablement composée d'un Printemps, d'un Été, d'un Automne et d'un Hiver. Prétendre que, dans ce siècle, l'architecture est restée stationnaire, ce serait se refuser à l'évidence. A quelle époque autre que la nôtre, les architectes, les vrais artistes, ont-ils plus étudié les différents genres d'architecture, plus respecté les monuments de tous les âges qui couvrent le sol de la France et que nous voyons restaurer si admirablement ? faut-il être bien érudit pour savoir que, dans les temps qui nous ont précédé, on s'occupait uniquement du genre d'architecture à la mode et qu'on dédaignait les autres styles, qu'on laissait tomber en ruine les monuments d'une autre époque ? n'avons-nous pas des monuments gothiques et renaissances restaurés ou agrandis dans un autre style que le leur, dans le style alors à la mode ? Aujourd'hui, du moins, on ne commet plus de ces anachronismes ; les restaurations, les additions faites aux monuments, le sont dans le style qui leur est propre ; aujourd'hui, on construit dans tous les styles, parce qu'on les a tous étudiés et que tous peuvent avoir leur application, on fait des églises gothiques et romanes, on élève des palais, des édifices d'une ordonnance grecque, romaine ou renaissance, des hôtels dans le goût des époques de Louis XIII, Louis XIV et Louis XV, et certes, c'est là un fait incontestable et très honorable pour notre école. Elle a encore un autre titre de gloire qui appartient entièrement à notre siècle : c'est la construction tout en fer et en fonte de certains édifices.

M. Baltard (Victor), architecte de la ville de Paris, expose deux projets qui sont la réponse la plus péremptoire aux dénigreurs systématiques de notre époque. Ces deux projets se composent de sept dessins : *plan, coupes et élévation des halles centrales de Paris, pour le présent et pour l'avenir* (3390). Dans l'un des projets, les halles seraient construites entièrement en fer et en fonte conformément au corps principal récemment exécuté, et, dans le second projet, une partie des halles serait, comme dans le précédent, tout en fer et en fonte, et l'autre partie, construite en pierre et en fer, pour servir aux marchés de certaines denrées qui demandent plus d'ombre et de fraîcheur. Lorsqu'on sait ce qu'étaient les marchés avant la révolution, ce que sont encore ceux qui existaient alors à Paris, et qu'on a sous les yeux les projets de halles que M. Baltard fait élever au centre de la capitale, on s'étonne de rencontrer des gens assez ennemis de leur époque pour la blâmer quand même.

M. Lacroix (Eugène), avec lequel nous nous souvenons avoir concouru en 1841, a envoyé deux dessins exécutés avec une pureté que peu de ses confrères possèdent au même degré. C'est d'abord, sous le numéro 3431 : *Plan, façade et deux coupes de l'église Napoléon Saint-Jean*, où sont déposés les restes de Charles Bonaparte, de Louis Bonaparte, roi de Hollande, frère de Napoléon Ier, et de Napoléon et Charles-Napoléon Bonaparte, fils de Louis, roi de Hollande, et frères de S. M. Napoléon III.—

Puis, sous le numéro 3,432 : *Dessins de la crypte et du tombeau de la reine Hortense, mère de S. M. Napoléon III.* Nous félicitons M. Lacroix du style qu'il a choisi pour cet édifice religieux, et surtout du goût qu'il a mis dans sa décoration.

M. Van Cleemputte a eu l'heureuse idée de joindre, aux neuf dessins de son projet de *Palais-de-Justice* (3445), un petit modèle en plâtre de la façade principale de ce palais. C'est là un excellent moyen pour se rendre bien compte de l'effet des saillies et de l'ensemble des lignes. Ce projet de Palais-de-Justice, avec caserne de gendarmerie, est pour la ville de Saintes (Charente-Inférieure).

M. Parent est, si nous ne nous trompons, le fils de M. Aubert Parent, notre professeur d'architecture, et nous sommes heureux d'avoir à constater qu'il sera, lui aussi, un artiste distingué. Il expose trois dessins d'un *Projet du Musée Napoléon d'Amiens* (3438), lequel projet l'a emporté sur ses nombreux concurrents au concours ouvert par la ville d'Amiens. On ne peut débuter plus honorablement dans sa carrière. Le caractère du monument conçu par ce jeune artiste est à la fois sévère et élégant tel qu'il convient à un musée.

Nous mentionnerons, en terminant, les dix-sept dessins de M. Delacour pour la restauration de *l'abbaye de Bonneval* (Eure-et-Loire), ordre des Citeaux (3495); — les dessins de M. Durand pour les restaurations de la *cathédrale de Langres* (3403), de *l'église Notre-Dame de Mantes* (3404), de *l'église Notre-Dame de Vesnon* (3305) et de *l'église Notre-Dame du Grand-Andelys* (3406) ; — les dessins de M. Lejeune, pour la restauration et l'agrandissement du *château de Saverne*, destiné aux veuves des hauts fonctionnaires civils et militaires (3435) ; les projets de M. Godabeuf pour un nouvel *hôtel des Caisses d'amortissements, Dépôts et Consignations,* sur le quais Malaquais (3423); pour le nouveau *pont Saint-Michel* (3424), et pour *l'église d'Auvers*, Seine-et-Oise (3425).

Avant de quitter la section d'architecture, nous rappelerons que, dans notre Revue de l'Exposition universelle, en réclamant contre l'intercalation de gravures, de lithographies et de peintures pour vitraux dans le classement des projets d'architecture, nous disions : « C'est par erreur, sans doute, qu'on a classé parmi les architectes MM. Halez et Frappaz, deux peintres qui n'ont exposé que des aquarelles; le premier : *la Mission apostolique dans les Gaules*, composée pour un vitrail; le second : *onze dessins d'après les peintures de la galerie Mazarine.* » Nos observations ont été entendues, et cette année on y a fait droit en partie. Nous disons en partie, parce que bien qu'on ait catalogué séparément, à l'architecture, les dessins d'avec leurs copies en gravure et en lithographie, nous n'en persistons pas moins à prétendre qu'un graveur ou un lithographe n'est pas un architecte parce qu'il a gravé ou dessiné sur la pierre la façade du Louvre ou le palais de Fontainebleau, et que le mérite de ces sortes d'ouvrages ne devant être apprécié que sous le rapport de la gravure ou de la lithographie, les œuvres de M. HUGUENET, habile graveur, ainsi que celles de M. BEAU, dessinateur lithographe de beaucoup de talent, devraient à l'avenir cesser de figurer à l'architecture, pour être catalogués avec les autres gravures et les autres lithographies.

X.

LES RÉCOMPENSES.

La liste des récompenses décernées aux artistes est le complément naturel, indispensable, d'une revue critique aussi complète que la nôtre. Nous la donnons donc ici en la faisant suivre de quelques réflexions qui clôront ce compte-rendu du Salon de 1857.

En 1852 et 1853, la distribution des récompenses a eu lieu dans le grand salon du Louvre, en présence des artistes récompensés seulement. Elle s'est faite, cette année, dans la salle d'honneur de l'Exposition, au milieu de tous les exposants réunis. Il était deux heures lorsque son excellence M. Fould, ministre d'État, M. le comte de Nieuwerke, directeur général des musées, et M. Gauthier, secrétaire du ministère d'État, ont pris place au bureau, derrière lequel MM. les membres de l'Institut ont occupés les siéges qui leur étaient destinés.

M. le ministre d'État a ouvert la séance par un discours dont il n'y a pas que les peintres et les sculpteurs qui puissent tirer un enseignement utile.

« L'Exposition de 1857, a dit M. Fould, était attendue avec un vif intérêt par tous les amis des arts. L'éclat dont l'école française avait brillé à l'Exposition universelle, et le temps laissé aux artistes pour se préparer à une nouvelle épreuve, faisaient concevoir les plus heureuses espérances. Si elles n'ont pas été complétement réalisées, il est permis de dire qu'elles n'ont point été trompées. En effet, que l'on considère l'Exposition actuelle dans son ensemble, ou qu'on la compare aux Expositions précédentes, on sera forcé de reconnaître que peu d'entre elles ont réuni autant d'ouvrages d'art d'un mérite réel, et révélé à la France un aussi grand nombre de talents nouveaux.

» Ces nouveaux talents sont l'espoir de l'avenir. Fidèles aux traditions de leurs illustres maîtres, ils sauront se livrer avec persévérance à ces études sérieuses sans lesquelles le plus heureux génie reste stérile ou s'égare; ils sauront préférer les jouissances solides et durables de la vraie gloire aux satisfactions éphémères que donnent de trop faciles succès; ils sauront qu'il faut quelquefois résister au goût du public, et que l'art est bien près de se perdre lorsqu'ils abandonnent les hautes et pures régions du beau et les voies traditionnelles des grands maîtres; ils sauront enfin se préserver des dangers que j'ai déjà signalés et contre lesquels je ne saurais trop vous prémunir : *la présomption de la jeunesse qui, pour jouir plus tôt de son talent, le tue dans son germe, et cette déplorable tendance à mettre l'art au service de la mode ou des caprices du jour.* A l'exemple de ce jeune peintre qui, pour accomplir une œuvre digne de la haute distinction qu'il vient d'obtenir, est allé s'inspirer sur les lieux mêmes où notre armée achetait la gloire par de si rudes travaux, nos artistes chercheront le succès dans les seules conditions où il se trouve: l'étude, l'inspiration, la foi dans une grande idée, le dévoûment à un noble but; et alors, nul doute que la prochaine Exposition ne tienne toutes les promesses que celle-ci nous a faites.

« Ni les encouragements, ni les sujets ne vous manqueront. Quelle époque, quel gouvernement a jamais fait autant pour les arts? — Grâce à la volonté féconde de l'Empereur, l'architecture transforme nos cités, et fournit incessamment à la sculpture et à la peinture de nouveaux travaux. La renommée de nos écoles a fixé sur nos artistes les regards de toutes les nations, et leurs œuvres se répandent dans le monde entier. Tout contribue donc, dans cette époque de grandeur et prospérité, à étendre leur domaine, et l'on peut dire que jamais les artistes n'eurent devant les yeux un aussi bel avenir. »

Après ce discours qui a été fort applaudi, M. le comte de Nieuwerkerke a proclamé les récompenses dans l'ordre suivant :

Officier de la Légion-d'Honneur. — Winterhalter, peintre de portrait.

Chevaliers. — Aivasowski, paysagiste. — Desgoffe, idem. — Comte, genre historique. — Alfred de Dreux, paysage et animaux. — Fils, genre historique. — Ziem, marine. — Matout, histoire. — Perraud, statuaire. — Oudine, graveur en médailles. — Dubray, statuaire. — Alphonse François, graveur.

PEINTURE.

Médaille d'honneur. — Yvon (Adolphe), auteur de la *Prise de la Tour Malakoff.*

Rappel des médailles de première classe. — Bezard, Cibot, Daubigny, Desgoffe, Fortin, Knaus, Pichon.

Médailles de première classe. — Baudry, Pils, Bouguereau.

Rappel des médailles de deuxième classe. — Chavet, Comte, Courbet, Fromentin, Geoffroy, Hedouin, Hillemacher, Lambinet, Lazerges, Leleux, Melin, Montessuy, Petit, Picou, Richter, Rochn, Stevens (Joseph), Timbal.

Médailles de deuxième classe. — Boulanger, Breton, de Curzon, Heilbuth, Lafond, Roux.

Rappel des médailles de troisième classe. — Aug. Bonheur, Mlle Henr. Brown, Busson, Charpentier, Comte-Calix, Desjobert, Devilly, Dubasty, Jobbé-Duval, Lorens, Luminais, Matout, Mouvoisin, Plassan, Rivoulon, Robert.

Méailles de troisième classe. — Belly, Brendel, de Cock, Dumas, Fichel, Ginain, Henneberg, de Knyff, Legras, Mazerolle, Rigot, Romagny.

Mentions honorables. — Andrien, Axenfeld, Aze, Baume, Bin, Blin, Boniface, Brillouin, Camino, Caraud, Castan, Chenu, de Cock, de Coubertin, Delarocke, Desgoffe, Doré, Mme Doux, Eudes de Guimard (Mlle), Faverjon, Felon, Feyer-Perrin, Foulonghe, Galbrun, Graeb, Grenet, Haillecourt, Hintz, Imer, Kate, Lafage, Leman, Marguerie, Merle, Meuron, Paigné, Papeleu, Pelletier, Pezous, Renier, Rougement (Mme), Sain, Salzmann, Schuber, Sellier, Tabar, Ternante, Tinthoin, Tourny, Vienot.

SCULPTURE.

Rappel des médailles de première classe. — Gruyère, Maillet, Oudine, Perraud.

Médailles de première classe. — Millet, Montagny.

Rappel des médailles de deuxième classe. — Brion, Cordier, Daumas, Marcellin, Merlez, Schroder.

Médailles de deuxième classe. — Grabowski, Guitton, Gumery, Leharivel-Durocher.

Rappel des médailles de troisième classe. — Cabuchet, Calmels, Chabaud, Iselin, Oliva, Travaux.

Médailles de troisième classe. — Bauriché, Crauck, Deligand, Jacquemart, Simyan, Thomas.

Mentions honorables. — Arnaud, Bogino, Bonheur, Chatrousse, Danzell, Debut, Fabisch, Faguière, Lavigne, Moreau, Nogent, Ponscarme, Sohre, Truphème, Valette Varnier, Desprey.

GRAVURE ET LITHOGRAPHIE.

Rappel des médailles de première classe. — François (Alph.); Lassalle.

Médailles de première classe. — Blanchard.

Rappel des médailles de deuxième classe. — Girard, Girardet, Mandel, Outkin, Salmon.

Médailles de deuxième classe. — Baugrand, Soulange-Tessier.

Rappel des médailles de troisième classe. — Levy, Varin.

Médailles de troisième classe. — Aubert, Gusmand, Jacquemot, Willmann.

Mentions honorables. — Allais, Carey, Cornillet, Jazet, Lenhert, Peguenot, Mme Perfetti, Riffault, Sirouy, Steifensand, Valerio.

ARCHITECTURE.

Rappel des médailles de première classe. — Garnaud.

Médaille de première classe. — Renaud.

Rappel des médailles de deuxième classe. — Guillaumot (Eug.), Guillaumot (Louis).

Médaille de deuxième classe. — Curte (Louis de), Durand.

Rappel des médailles de troisième classe. — Hénard, Lacroix.

Médailles de troisième classe. — Garnier, Parent, Trilhe.

Mentions honorables. — Drouillard, Kellerhoven, Kreichgasser, Sabatier, Sauvageot.

A la suite de cette solennité, chacun parcourait les salles de l'Exposition espérant trouver l'inscription des récompenses au bas des ouvrages qui les avaient méritées, ainsi que cela s'était pratiqué en 1852 et 1853. Il paraît qu'on a renoncé à cette mesure.

Nous voici donc arrivé à la fin de notre ouvrage

sur l'Exposition, travail aussi long que difficile, si l'on songe que nous avons eu plus de trois mille ouvrages à examiner, et que cet examen nous l'avons fait avec une conscience qui nous donne le droit d'espérer qu'on reconnaîtra qu'un sentiment de justice et de convenance n'a cessé de présider à nos jugements, et que si nous n'avons pas souvent louangé sans un peu de critique, nous n'avons aussi que rarement blâmé une œuvre sans en faire valoir quelques parties. Enfin, nous avons repoussé tout esprit de coterie, toute antipathie d'école; nous avons fermé l'oreille aux insinuations intéressées et perfides; nous avons fait notre possible pour résister à l'entraînement du sarcasme, aux traits mordants de l'épigramme, nous souvenant que la critique devait éclairer et encourager, au lieu de ridiculiser, sous prétexte qu'il faut avant tout amuser le lecteur.

Nous terminerons en remerciant l'administration d'avoir, dans l'intérêt des artistes, prolongé d'un mois la durée de l'Exposition; d'avoir admis, pour la première fois, des photographies reproduisant des ouvrages qui ne pouvaient être déplacés ni exposés; d'avoir ajouté au livret un chapitre comprenant les travaux exécutés aux monuments publics; et nous nous permettrons de demander encore à sa sollicitude:

1° De tenir secret au jury d'admission, quel qu'il soit, le nom des artistes qui auraient des motifs pour ne pas signer leurs œuvres et rester inconnus à leurs juges.

2° D'accorder l'entrée gratuite le jour de l'ouverture de l'Exposition, parce que ce jour-là est une fête artistique à laquelle doivent être conviés les artistes, leurs familles et tous les amis des arts.

TABLE DES MATIÈRES.

	Pages
ant-propos	3
nture historique	10
bleaux de genre	43
traits	54
érieurs, paysages, animaux et marines	64
stels, aquarelles, dessins, miniatures, émaux et peintures sur porcelaine	73
lpture et gravure en médailles	80
vure et lithographie	104
chitecture	108
récompenses	113

Imp. d'Émile Allard, 14, rue d'Enghien.